GUIA
MIAMI

ROMERO BRITTO

ROMERO BRITTO[TM]

© 2012 Britto Central, Inc. and Romero Britto, BRITTO, ROMERO BRITTO,
BTO and others trademarks are used under license granted by Britto Central, Inc.
All rights reserved. Todos os direitos reservados.
© Pulp Edições, 2012

Nesta edição, respeitou-se o Novo Acordo Ortográfico da Língua Portuguesa.

Projeto Editorial: Pulp Edições
Coordenação Editorial: Vicente Frare e Fernanda Ávila
Assistente editorial: Cris França
Projeto Gráfico e Diagramação: Patricia Papp
Assistentes de Diagramação: Halini Saad do Prado e Bruna Michelin
Serviços: Barbara Gobetti e Priscila Seixas
Revisão: Mônica Ludvich
Fotos de Romero Britto: Nuno Papp

Miami se transforma a cada dia. Telefones mudam, sites saem do ar, lojas fecham, hotéis abrem as portas, restaurantes e baladas perdem o glamour, ou não. Todos os esforços foram feitos para que as informações presentes neste guia estivessem o mais atualizadas possível no momento da impressão. Não nos responsabilizamos pelo que possa ter sido alterado desde então. Caso haja discrepâncias, agradeceríamos ser informados através do e-mail pulp@pulpedicoes.com.br ou pela fanpage do livro no Facebook.

ESTE LIVRO SÓ PODE SER VENDIDO DENTRO DO TERRITÓRIO BRASILEIRO.
THIS BOOK CAN ONLY BE SOLD WITHIN BRAZIL.

Dados Internacionais de Catalogação na Publicação (CIP)
Bibliotecária responsável: Maria Inês Meinberg Perecin – CRB 8/5598

B862m	Britto, Romero Guia Miami / Romero Britto. Curitiba: Pulp Edições, 2012. 192p: il. color ISBN: 978-85-63144-20-1 1. Miami (Flórida – Estados Unidos) – descrições e viagens I. Título CDD: 917.59381

[2012]
Todos os direitos reservados | All rights reserved | Derechos reservados
PULP EDIÇÕES LTDA.
Rua Júlio Perneta, 828c
80810-110 - Curitiba - Brasil
Tel.: +55 (41) 3308-4097
www.pulpedicoes.com.br

MISTO
Papel produzido a partir de fontes responsáveis
FSC® C007309

ROMERO BRITTO

GUIA MIAMI

1ª EDIÇÃO

PULP EDIÇÕES
CURITIBA – 2012

ÍNDICE

BEM-VINDOS A MIAMI	11
MINHA MIAMI	17
O ABC DE MIAMI	21
MODO DE USAR	39
MIAMI DE NORTE A SUL	72
NORTH MIAMI	75
DESIGN DISTRICT + WYNWOOD	89
BRICKELL + DOWNTOWN + LITTLE HAVANA	101
MIAMI BEACH	113
SOUTH MIAMI	139
ARREDORES	155
SOBRE ROMERO	165
ONDE VER ROMERO BRITTO	167
AGRADECIMENTOS	171
ÍNDICE GERAL	172

BEM-VINDOS A MIAMI

Miami é um convite à boa vida com seus restaurantes deliciosos, clubes badalados, corpos bonitos, ótimos hotéis, belas praias e opções de compras para todos os gostos e bolsos. Destino de férias de turistas do mundo inteiro, reúne em suas areias uma deliciosa mistura de línguas e sotaques. Cidade do sol, do mar azul, dos ritmos caribenhos, de gente alegre e descontraída. Cada vez mais cosmopolita, ainda conserva aquela gostosa atmosfera de balneário. Saltos altos convivem em perfeita harmonia com chinelos, vestidos dourados com biquínis, champanhe com tequila, limusines com bicicletas e celebridades com gente comum.

Cidade que sobreviveu a crises econômicas e furacões, que teve seus altos e baixos, que recebeu a comunidade cubana dissidente do regime de Fidel no final da década de 1950 e que hoje vive um novo momento de consagração. Cada dia mais conectada a grandes

metrópoles como Paris, Nova York e Londres, está se transformando em um centro de referência para a arte contemporânea graças à Art Basel Miami Beach, evento anual que reúne artistas, galeristas e colecionadores do mundo inteiro. A gastronomia também é outra grande revelação de Miami, que ganha novos restaurantes a cada semana, aprimorando sua vocação para a boa mesa com chefs estrelados.

Então, se você está em busca de um lugar up-to-date, Miami é a escolha certa. Quer se acabar nas compras? Miami também tem. Prefere uma viagem mais exclusiva, cheia de luxo e sofisticação? Venha para cá. Decidiu levar a família para fazer um cruzeiro pelas águas azuis do Caribe? Miami lhe espera. Quer apenas aproveitar o sol, as belas praias e observar de longe a badalação? Miami é para você. Miami é democrática, receptiva, aberta e está cada vez mais interessante. Você está esperando o que?

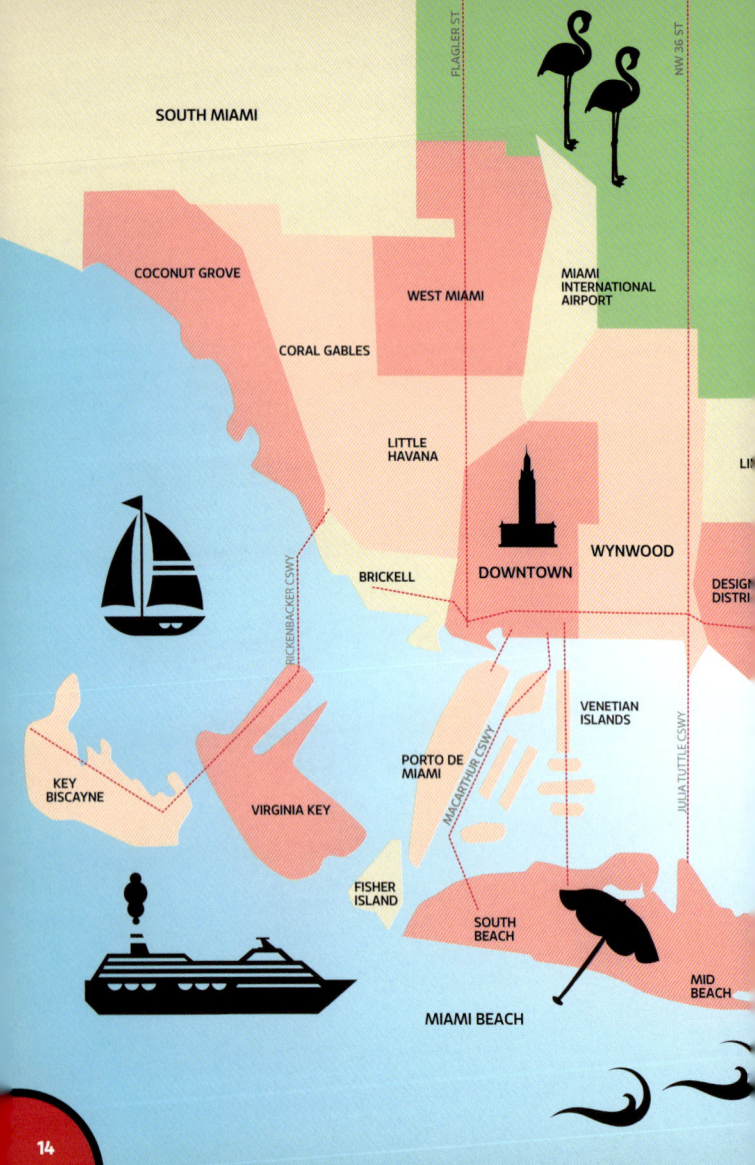

MINHA MIAMI

Divertida, sexy, colorida, vibrante e inspiradora. Uma cidade que tem a cara da minha arte. Lugar que escolhi para viver e criar. Em 1990, a caminho de Nova York, resolvi parar em Miami para visitar um amigo. Me apaixonei pelo sol, pelo mar e pelo estilo de vida das pessoas que aqui viviam. Uma cidade onde se pode trabalhar durante o dia e tirar férias à noite. Uma cidade de gente alegre, descontraída e carismática.

Aqui conquistei a admiração do público e construí minha história. Sou brasileiro com muito orgulho, mas também faço questão de declarar meu amor a este pedacinho de terra na pontinha da Flórida que me recebeu tão bem. Este guia apresenta os meus lugares preferidos. Hotéis, restaurantes, lojas, bares, clubes, galerias de arte e tudo aquilo que faz da cidade um dos destinos turísticos mais badalados do mundo. Venha comigo e aproveite o melhor de Miami.

O ABC DE MIAMI

ART DECO DISTRICT

Entre os cartões-postais de Miami estão as construções de cor pastel e motivos geométricos, decoradas muitas vezes com luzes de neon. O estilo arquitetônico chamado de Art Déco pode ser observado facilmente nos hotéis, nas lojas e nos restaurantes de South Beach, que hoje fazem parte da zona de preservação histórica chamada de Art Deco District.

- *Entre a 6th Street ao sul e a 23rd Street ao norte e ao longo da Ocean Drive, Collins Avenue e Washington Avenue.*
  www.mdpl.org

O ABC DE MIAMI

AVENTURA

Bem ao norte, este subúrbio high class criado nos anos 1970 é uma versão tropical de Beverly Hills. Para lá migram muitos snowbirds – os americanos do norte, que se refugiam na Flórida durante os meses de inverno. O gigantesco e famoso Aventura Mall fica ao lado do excelente campo de golfe do luxuoso resort de Turnberry Isle. Várias marinas e muitas ruas residenciais dão um ar tranquilo ao bairro.

🔸 *Área ao norte da NE 192nd Street, ladeada pela Biscayne Boulevard.*

BAL HARBOUR

Sinônimo de luxo e grande estilo, a região concentra alguns dos estabelecimentos mais sofisticados de Miami, como as lojas de grifes europeias do Bal Harbour Shops, o hotel St. Regis, inaugurado em janeiro de 2012, e o Trump International Beach Resort. Aqui, gente do mundo todo vem exibir seus carrões, suas joias e seus cartões de crédito platinum.

⊙ *Na altura da Collins Avenue com a 96th Street.*
www.balharbourflorida.com

O ABC DE MIAMI

BISCAYNE BOULEVARD

A estrada/avenida que começa em Downtown Miami e corta a cidade no sentido norte-sul é um dos pontos de referência na hora de olhar o mapa ou GPS. Ela se transforma em US-1, autoestrada que vai da Flórida aos estados do Nordeste pela costa atlântica dos Estados Unidos.

BRICKELL

Confundido com Downtown, Brickell é um bairro tanto residencial quanto de negócios, colado às torres do centro da cidade. Na verdade, é uma continuação do centro, só que do Rio Miami para o sul, ao longo da Brickell Avenue até chegar em Coconut Grove. Ali mora muita gente que trabalha nos bancos e escritórios de Miami e que curte a vida nos ótimos bares e hotéis da região.

◉ *Ao longo da Brickell Avenue, ao sul do Rio Miami.*

COCONUT GROVE

Para ficar sempre a par das minhas novidades, siga-me no Twitter. @brittopopart

Coconut Grove, ou "The Grove", é um dos bairros mais antigos de Miami, onde a região começou a ser povoada. Já foi boêmio e muito animado, mas hoje é muito mais um destino para famílias. Um dos primeiros shoppings abertos de Miami, o CocoWalk, fica por ali, bem como o Museu Vizcaya, o Jardim Botânico e o Planetário.

◉ *Entre a South Dixie Highway, South Le Jeune Road e a Baía de Biscayne.*

O ABC DE MIAMI

COLLINS AVENUE

Talvez uma das avenidas mais compridas do mundo, vai da pontinha de South Beach até o norte de Miami Beach, lá pela 196th Street, onde passa a se chamar Ocean Boulevard. Diversos restaurantes, lojas e hotéis da moda ficam na Collins. O bom é que é fácil encontrar um endereço, já que os primeiros números fazem referência à quadra onde fica o lugar. Por exemplo, 4404 Collins Avenue fica na Collins com a 44th Street.

CORAL GABLES

É um dos primeiros bairros planejados dos Estados Unidos, desenvolvido durante o boom imobiliário dos anos 1920 pelo empreendedor George Merrick. Segue um padrão de arquitetura mediterrâneo, o que dá um ar europeu para as ruas. Entre seus ícones, o histórico hotel The Biltmore e a Universidade de Miami. Muita gente conhece o bairro por causa das lojas ao longo da Miracle Mile e do shopping Village of Merrick Park.

Curta Miami.com no Facebook e siga @Miamicom para ter a programação local sempre atualizada.

● Ao sul de Downtown, entre a Coral Way e a Sunset Road e entre a Red Road (SW 57th Avenue) e a South Dixie Highway.

O ABC DE MIAMI

DESIGN DISTRICT

A região, cheia de depósitos e armazéns, foi revitalizada e transformada em um centro de showrooms de lojas de móveis e decoração. Ideal para quem acabou de comprar um apartamento na cidade e precisa recheá-lo de coisas bacanas. Junto vieram artistas, lojas, bares e restaurantes descolados.

◉ Entre a NE 42nd Street, a NE 2nd Avenue, a NE 38th Street e a North Miami Avenue.
www.miamidesigndistrict.net

DOWNTOWN

O centro financeiro de Miami está em processo de revitalização com a abertura de bons hotéis, a construção de museus e a chegada de novas lojas. Mas ainda não há tanta coisa interessante que justifique ficar hospedado na região. A não ser que você esteja em viagem de negócios ou que vá passar pela cidade entre a saída e a chegada de um cruzeiro, pois o porto fica logo ali. Quem tem ingressos para eventos na American Airlines Arena ou no Adrienne Arsht Center também costuma ficar por Downtown.

O time de basquete daqui é o Miami Heat, que joga na American Airlines Arena. Não perca um dos jogos, que são megaeventos, cheios de energia e empolgação.
@MiamiHEAT
www.heat.com

www.downtownmiami.com

O ABC DE MIAMI

KEY BISCAYNE

Ligada ao continente pela Rickenbacker Causeway, a ilha de Key Biscayne é um pedaço da Florida Keys na porta de entrada de Miami. Pertinho de Coconut Grove e do resto da cidade, é ideal para quem viaja em família, para quem vai jogar golfe ou para quem prefere praias menos agitadas do que as de Miami Beach.

Leia os romances policiais do jornalista Carl Hiaasen, ambientados na cidade.

LINCOLN ROAD

Quando cheguei a Miami, a Lincoln Road estava um tanto abandonada. Mas montei minha galeria ali, apostando na revitalização da região. E dei sorte, pois hoje é uma das ruas mais animadas de Miami Beach, com lojas, galerias, cafés, restaurantes e cinemas com dezenas de prédios Art Déco e MiMo. Totalmente dedicada aos pedestres, é onde mostro ao mundo minha arte e sempre passo por ali quando estou na cidade. Tem de tudo para todos. Adoro.

- *Da Collins Avenue até a Alton Road, cruzando South Beach de leste a oeste, entre a 16th e a 17th Street.*

www.lincolnroadmall.com

O ABC DE MIAMI

LITTLE HAVANA

A Pequena Havana concentra boa parte da atividade cultural latina de Miami. Deixou de ser um reduto exclusivamente cubano para se tornar latino-americano (os americanos chamam de "Hispanic"). Tem bastante coisa bacana para quem gosta de salsa, merengue e comida típica. A Calle Ocho, os Viernes Culturales, o restaurante Versailles e a Calçada da Fama (com artistas cubanos exilados nos Estados Unidos) valem a visita.

 A oeste de Downtown e ao sul do Miami River.

MIMO

MiMo é a abreviação de Miami Modern, um estilo arquitetônico que dominou a cena local nos anos 1950 e 1960 e que, para mim, lembra um pouco o desenho animado dos Jetsons. Morris Lapidus, um dos expoentes do MiMo, dizia que era preciso exagerar, que "menos é nada" e que "muito nunca é o bastante". Numa época de otimismo, foi consagrado em obras como o Hotel Fontainebleau, o Eden Roc, a própria Lincoln Road.

MIAMI BEACH

Talvez o pedaço de praia mais famoso da costa leste americana seja, na verdade, uma barreira entre o Oceano Atlântico e a cidade de Miami, ligada ao continente por uma série de pontes e ilhas. Quase tudo o que mais gosto em Miami fica ali, entre o burburinho da Ocean Drive, em South Beach, e a sofisticação de Bal Harbour. Se pudesse escolher um único lugar para estar em Miami durante as férias, seria Miami Beach, sem dúvida.

- *Toda a extensão de terra que vai da MacArthur Causeway até a NE 192nd Street, com o Oceano Atlântico de um lado e a Baía de Biscayne do outro.*

O ABC DE MIAMI

SOUTH BEACH (SOBE)

A região mais vibrante de Miami é South Beach, apelidada de SoBe pelos descolados de plantão. Se tivesse que resumir toda a cidade em uma única região, seria SoBe. Quer compras? SoBe tem. Quer balada? Tem de sobra. Hotéis de todas as categorias? Vários. Praia, gastronomia, cultura? Também tem. Nada falta neste miolinho de movimentação constante, que funciona como o coração de Miami.

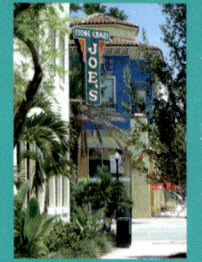

○ Ponta sul de Miami Beach, do South Pointe Park até perto da 23rd Street.

WYNWOOD

Para onde vão artistas e criativos quando os aluguéis em áreas nobres das cidades passam dos limites? Em Miami, o bairro escolhido foi Wynwood, já que havia dezenas de armazéns desativados e espaço de sobra para galerias, ateliês e lojas-conceito. Hoje, o bairro respira arte, com muros grafitados, cafés charmosos, bares descolados e muitas galerias de arte. A palavra que os americanos usam para esse tipo de revitalização é "gentrification". Meu estúdio também fica ali, pertinho das Wynwood Walls.

Em Wynwood fica o **Studio Romero Britto,** lugar que escolhi para criar minhas obras e reunir boa parte da equipe.

 Da NE 20th Street à NE 36th Street e da North Miami Avenue à autoestrada I-95.
www.wynwoodmiami.com

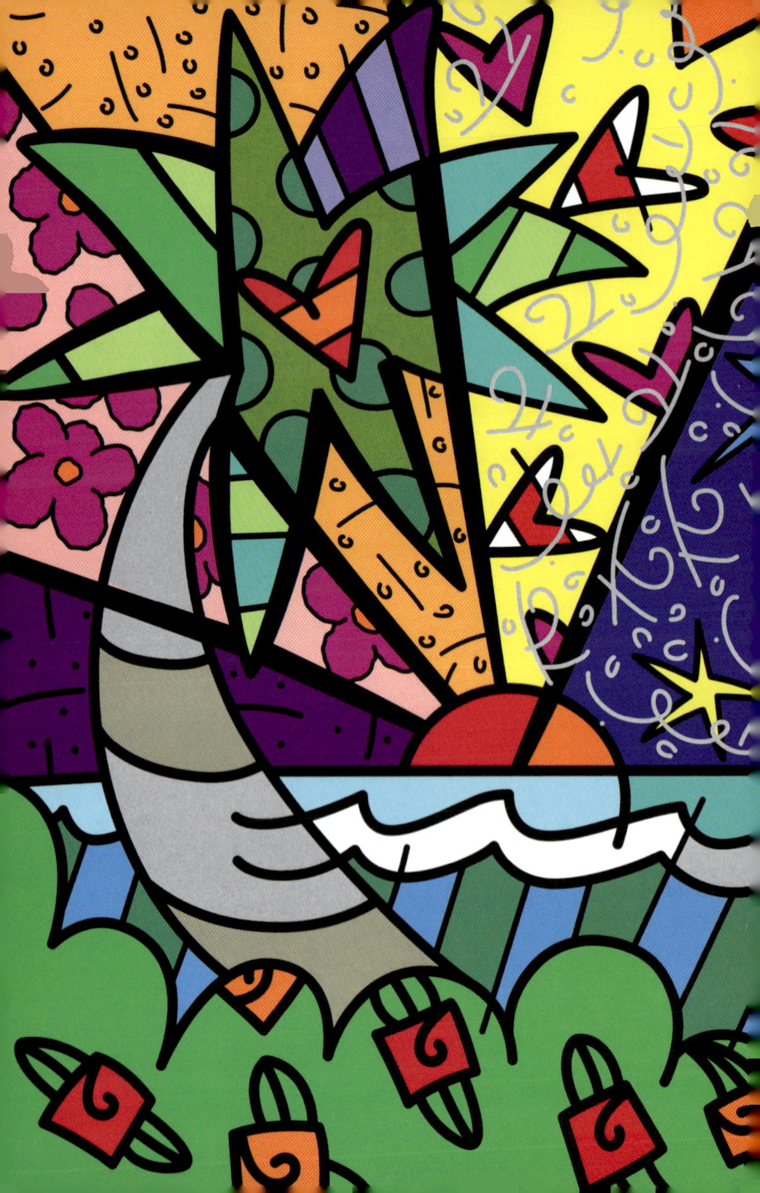

MODO DE USAR

SERVIÇOS

COMO CHEGAR

Hoje em dia, todos os caminhos levam a Miami. O aeroporto Miami International (MIA) conecta a cidade diretamente com todos os Estados Unidos, Caribe, América Latina e Europa. Além do MIA, o aeroporto de Fort Lauderdale – Hollywood (FLL) também tem voos para vários destinos e pode ser bem conveniente para quem vai ficar em North Miami. Se estiver em um cruzeiro, o navio provavelmente atracará no Port of Miami, que fica em pleno Downtown, a poucos minutos de táxi de South Beach ou de Coral Gables.

KEEP IN TOUCH

01155
PARA LIGAR PARA O BRASIL

+55
PARA MANDAR SMS PARA O BRASIL

305 OU **718**
CÓDIGOS DE ÁREA DE MIAMI

911
EMERGÊNCIAS

ONDE FICAR

A melhor dica para escolher um hotel em Miami é, antes de mais nada, pensar no tipo de viagem que você quer fazer (e no seu orçamento, claro). Se for passar por Miami apenas para pegar um navio, Brickell pode ser uma boa escolha. Para curtir a praia e as baladas, indispensável hospedar-se em South Beach. Mais ao norte, em Bal Harbour e Sunny Isles, ficam grandes hotéis de luxo e praias mais calmas.

Para isolar-se do mundo e descansar de verdade, Fisher Island e Key Biscayne são boas sugestões. Viciados em compras podem escolher hotéis próximos aos grandes shoppings, que estão espalhados pelos quatro cantos da cidade. Quem vem passar temporadas aqui na Flórida pode aproveitar para alugar um apartamento e viver como um local por um tempo. Pode ser que você não queira mais ir embora!

Alguns hotéis aceitam até quatro adultos por apartamento, o que os torna atraentes para quem viaja em família ou grupo de amigos.

Já pensou em hospedar-se na casa de alguém? Pode ser uma forma inusitada de experimentar Miami. O site www.airbnb.com tem alguns quartos e apartamentos bem legais. Vai que você dá sorte e acaba ficando aqui em casa?

> **!** DICA PARA QUEM ALUGA APARTAMENTO OU ACABOU DE COMPRAR UM IMÓVEL: NUNCA DESLIGUE O AR-CONDICIONADO. EM MUITOS CONDOMÍNIOS ISSO É REGRA, POIS AJUDA A PRESERVAR O APARTAMENTO DA ALTA UMIDADE RELATIVA DO AR.

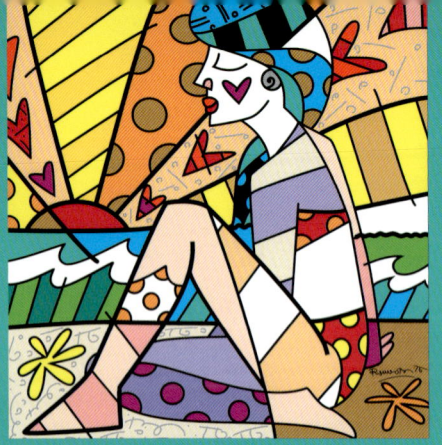

QUANDO IR

Por causa do clima ameno, Miami é um destino disputado durante os meses de frio no hemisfério norte (de novembro a maio). Dezembro é animadíssimo, desde a abertura da Art Basel até o Réveillon. Apesar de o sol se pôr cedo, as temperaturas são amenas, não descartando dias quentes e noites com brisa fresca. Durante o Miami Boat Show (em fevereiro) a ocupação dos hotéis chega a 100%.

De junho a outubro é a temporada dos furacões. Isso pode desencorajar alguns visitantes, mas há total segurança e todo mundo é avisado com tempo de sobra para se preparar. Em julho e agosto Miami é um forno, de tão quente e úmida.

Ideal mesmo é vir para cá na primavera (abril, maio e junho) ou no outono (setembro, outubro e novembro). Se faz um pouco de frio em um dia, no dia seguinte já se abre o sol e faz calor outra vez.

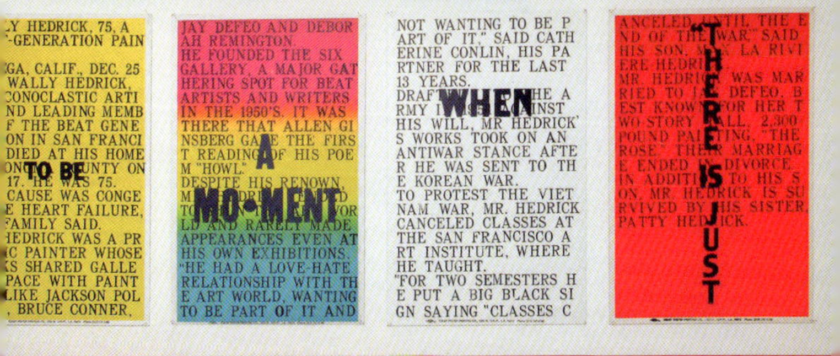

ART BASEL MIAMI BEACH

Desde 2002, quando a feira de arte suíça Art Basel desembarcou em Miami, dezembro se tornou um mês ainda mais agitado no calendário da cidade. Importantes galerias do mundo todo trazem obras dos artistas que representam para fazer negócios. Ao mesmo tempo, festas e eventos paralelos animam expositores, artistas, marchands, turistas e baladeiros de plantão.

Apesar de estar concentrada em South Beach, há atividades em Wynwood, Design District e até mesmo em Downtown. Fique atento para nomes como Art Now, Scope, Ink Miami, Nada, Verge, que são eventos paralelos. Se você curte o mundo das artes, vai adorar estar em Miami nos primeiros dias de dezembro de cada ano.

www.artbaselmiamibeach.com

CALENDÁRIO

JANEIRO
Art Deco Weekend
www.MDPL.org
Campeonato de Rodeio de Homestead
www.homesteadrodeo.com
Maratona ING de Miami
www.ingmiamimarathon.com

FEVEREIRO
Feira Internacional do Barco
www.miamiboatshow.com
Feira Original de Antiguidades
www.originalmiamibeachantiqueshow.com
Festival de Artes de Coconut Grove
www.cgaf.com
Festival Wine & Food de South Beach
www.sobefest.com
Winter Party
www.winterparty.com

MARÇO
Cadillac Golf Championship
www.pgatour.com
Festival da Calle Ocho
www.carnavalmiami.com
Festival Internacional de Cinema
www.miamifilmfestival.com
Jazz in the Gardens
www.jazzinthegardens.com
Miami Fashion Week
www.miamifashionweek.com
Sailing Week
www.miamisailingweek.com
Semana da Comédia de South Beach
www.southbeachcomedyfestival.com

Sony Ericsson Open de Tênis
www.sonyericssonopen.com
Ultra Music Festival
www.ultramusicfestival.com
Winter Music Conference
www.wintermusicconference.com

ABRIL
Festival de Cinema LGBT
www.mglff.com
Parada Gay de Miami Beach
www.miamibeachgaypride.com
Triathlon Nautica South Beach
www.nauticasobetri.com
WrestleMania
www.wwe.com

MAIO
AquaGirl
www.aquagirl.org
Festival de Dança
www.momentumdance.com
Miami Beach Polo World Cup
www.miamipolo.com
Mês dos Museus
www.miamimuseummonth.com

JUNHO
Mês do Romance
www.romance.miamiandbeaches.com

CALENDÁRIO

JULHO
Espetáculos de Fogos de Artifício de 4 de Julho
Festival de Teatro Hispânico
www.teatroavante.com
Mês do Spa
www.miamispamonth.com

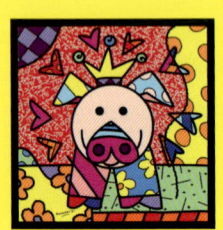

AGOSTO
Miami Spice
www.ilovemiamispice.com
Festival Internacional de Balé
www.internationalballetfestival.org
Mês do Spa
www.miamispamonth.com

SETEMBRO
Feira Internacional do Vinho
www.miamiwinefair.com
Miami Spice
www.ilovemiamispice.com

OUTUBRO

Carnaval de Miami Broward
www.miamibrowardcarnival.com

Festival Miami
www.festivalmiami.com

Mês das Atrações para Crianças
www.everyonesakid.com

Miami Fashion Fest
www.miamifashionfest.com

NOVEMBRO

Feira Internacional do Livro
www.miamibookfair.com

Ford Championship Weekend/NASCAR
www.homesteadmiamispeedway.com

Sleepless Night Miami Beach
www.sleeplessnight.org

White Party Week
www.whiteparty.org

Festival de Curtas de Miami
www.miamishortfilmfestival.com

Mês da Música ao Vivo
www.livemiamimusic.com

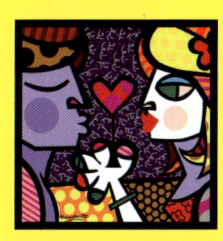

DEZEMBRO

Art Basel Miami Beach
www.artbasel.com

Art Miami
www.art-miami.com

Design Miami
www.designmiami.com

Scope Art Show
www.scope-art.com

SERVIÇOS

COMO SE LOCOMOVER

O carro é o melhor amigo do homem em Miami. Por ser bem espalhada, a cidade exige deslocamentos constantes. Se você vai ficar apenas perto do hotel e planeja fazer uma ou duas "viagens" a um shopping ou restaurante mais distantes, os táxis quebram o galho. Quem vem com tempo e paciência de sobra pode até aproveitar as linhas de ônibus, principalmente ao longo da Collins, entre South Beach e North Miami.

ALUGUEL DE CARROS
No aeroporto internacional de Miami, todas as companhias de aluguel de carro estão agrupadas no mesmo edifício, facilmente acessado dos terminais. Basta seguir as indicações até o trenzinho modernérrimo que o levará até o lugar certo.

PEDÁGIOS
Várias estradas e pontes da região cobram pedágio. É preciso ter o valor exato, muitas vezes em moedas, para poder passar pelas cancelas. O mais fácil é incluir no aluguel do seu carro o Pass24, que dá direito a passar pelos pedágios sem ter que parar e a usar as pistas menos congestionadas que solicitam o Sun Pass.

www.rentatoll.com
www.sunpass.com

- NAS RODOVIAS, É PERMITIDO ULTRAPASSAR TANTO PELA ESQUERDA QUANTO PELA DIREITA.

- HÁ LIMITES DE VELOCIDADE MÁXIMA E MÍNIMA.

- SE, POR ACASO, A POLÍCIA O PARAR, NÃO SAIA DO CARRO. ESPERE QUE O OFICIAL VENHA ATÉ VOCÊ.

- NÃO É PRECISO FAZER CARTEIRA DE MOTORISTA INTERNACIONAL, LEVE APENAS A SUA HABILITAÇÃO DO BRASIL.

- NOS CRUZAMENTOS, A ENTRADA À DIREITA É LIVRE, MESMO QUE O SINAL ESTEJA VERMELHO PARA CRUZAR A RUA. ONDE ISSO NÃO É PERMITIDO HÁ SINALIZAÇÃO AVISANDO.

- OS POSTOS NÃO TÊM FRENTISTAS. QUEM ABASTECE O CARRO É VOCÊ.

- PAGA-SE ANTECIPADAMENTE PELA GASOLINA, COM DINHEIRO (NO CAIXA) OU COM CARTÃO (NA BOMBA).

- EM ALGUNS POSTOS, O CARTÃO DE CRÉDITO INTERNACIONAL NÃO FUNCIONA NA BOMBA, MAS SIM NO CAIXA.

- PRESTE ATENÇÃO NAS PISTAS QUE SÓ PODEM SER USADAS POR QUEM TEM UM PASSE SUN PASS.

- A GASOLINA É MEDIDA EM GALÕES E NÃO EM LITROS, OK?

VALET E ESTACIONAMENTO

Muitos hotéis cobram o estacionamento dos hóspedes. Se for apenas visitar um bar ou restaurante, pergunte se há desconto. Na rua, é preciso pagar com antecedência nas máquinas (em moedas, notas ou cartão de crédito) e colocar o tíquete no console do carro, bem à vista.

TÁXI

De e para o aeroporto, as tarifas são fixas. O preço varia conforme o destino. Até o porto, são US$ 24 e até Miami Beach, US$ 32. Adesivos nas janelas explicam as diferentes tarifas. Se for para Wynwood ou Design District, peça para uma loja ou restaurante chamar um táxi, caso não encontre algum na rua.

ÔNIBUS

As linhas de ônibus em Miami Beach são fáceis de usar, mas é preciso ter paciência. Tenha sempre notas de 1 dólar disponíveis, pois é preciso pagar com dinheiro exato, que é inserido em uma máquina ao lado do motorista. Se for usar muitos ônibus em sua viagem, compre um Miami-Dade Transit Easy Card para facilitar sua vida.

www.miamidade.gov/transit

BICICLETA

As DecoBikes estão espalhadas por diversos pontos de Miami Beach. São uma opção interessante para quem gosta de pedalar e descobrir a região num ritmo diferente. O passe de meia hora custa US$ 4 e para o dia inteiro, US$ 24. Você pode pegar a DecoBike em um ponto e deixá-la em outro.

SERVIÇOS

ONDE COMER

A cena gastronômica de Miami está cada vez melhor e mais diversificada. O que não faltam são opções de restaurantes para agradar a todos os bolsos e paladares. A diferença é que para os mais estrelados é recomendado fazer reserva, já que as mesas são, muitas vezes, bem disputadas. Mesmo os grandes shoppings têm opções variadas, sendo que os melhores cardápios ficam em estabelecimentos fora das praças de alimentação.

Os sites **Open Table** e **UrbanSpoon** estão entre as melhores ferramentas para pesquisar e reservar mesas. Vários usuários deixam comentários, o que facilita na hora de escolher um lugar menos conhecido. Para críticas gastronômicas, o **Zagat** é a bíblia norte-americana. O guia impresso é editado a cada ano. Na internet é possível ver as notas que são dadas para cada restaurante e descobrir quais os melhores em cada categoria.

Outro site interessantíssimo (e que tem aplicativos para iPhone e Android) é o **Urban Daddy**, que sempre traz ótimas sugestões e novidades, principalmente quando o assunto são bares e festas.

www.opentable.com
www.urbanspoon.com
www.zagat.com
www.urbandaddy.com

> **%** EM VÁRIOS BARES E RESTAURANTES DE MIAMI, UMA TAXA DE SERVIÇO (GRATUITY) DE 18% A 20% VEM INCLUÍDA NA CONTA. QUANDO ESTE NÃO FOR O CASO, LEMBRE-SE DE DEIXAR GORJETA, QUE NOS ESTADOS UNIDOS É UM COSTUME LEVADO A SÉRIO.

ONDE DANÇAR

Uma das facetas mais incríveis de Miami é seu lado hedonista e festeiro. Há baladas e festas todos os dias da semana. A atmosfera "caliente" da cidade é contagiante. O importante é saber qual balada acontece a cada dia. Veja nas páginas 126, 127 e 128 uma lista legal. Peça para o concierge do seu hotel colocar seu nome na lista de convidados dos lugares mais cobiçados. Grande parte do agito acontece nas piscinas e coberturas dos hotéis, principalmente em South Beach.

Para homens, sozinhos ou em grupos, que não estejam acompanhados de mulheres, a entrada nas baladas pode ser um tanto complicada. Quando há um show com venda de ingressos, não tem problema, mas entrar na fila desacompanhado é jogar com a sorte.

É preciso ter mais de 21 anos para frequentar bares (e beber álcool) e sempre leve uma identidade com você que tenha foto, data de nascimento e nome. E o mais importante: se beber, não dirija.

SERVIÇOS

ONDE COMPRAR

Para quem adora uma comprinha, o paraíso deve ser algo bem parecido com Miami, onde há shoppings, outlets, butiques e oportunidades infinitas para usar o cartão de crédito. Se o céu é o limite (ou o tamanho da mala), aproveite.

Comprar geralmente envolve uma ida ao shopping. Mas não pense que para isso você vai ter que ficar preso naqueles ambientes opressores, longe do sol e da brisa do mar. Há shoppings a céu aberto, como a Lincoln Road, a Miracle Mile e o Village of Merrick Park, além de ruas com grande concentração de lojas em South Beach, como a Collins e a Washington Avenue.

Uma boa dica é que as grandes redes de lojas, como Target, Walgreens, Publix e CVS, têm preços diferenciados para a mesma mercadoria em diferentes regiões da cidade. Quanto mais abastado for o bairro, mais altos serão os preços.

LEVE SEU PASSAPORTE ATÉ A SEÇÃO DE CUSTOMER SERVICE DA MACY'S E DA BLOOMINGDALE'S PARA GANHAR SEU CARTÃO DE TURISTA, QUE DÁ DESCONTO AUTOMÁTICO DE 10% NAS SUAS COMPRAS.

OS PRINCIPAIS SHOPPINGS DA REGIÃO

AVENTURA MALL
O melhor e mais variado dos shoppings fica em North Miami.

BAL HARBOUR SHOPS
Lojas de marcas exclusivas. Local para ver e ser visto.

DADELAND MALL
Conta com várias lojas-âncoras como Macy's, Saks, Nordstrom e JCPenney.

DOLPHIN MALL
Enorme, com muitas lojas de ponta de estoque, as Factory Stores.

LINCOLN ROAD MALL
Ideal para quem prefere fazer compras a céu aberto, com agito e badalação, no coração de South Beach.

MIRACLE MILE
Em Coral Gables, com várias lojas de decoração e de vestidos de festa.

OUTLET CENTER
Bem ao sul, em Florida City, com várias lojas de desconto (mais detalhes na página 162, de Arredores).

SAWGRASS MILLS MALL
Outlet gigantesco! Veja mais detalhes na página 163, de Arredores.

VILLAGE AT GULFSTREAM PARK
Em Aventura, com muitas lojas de decoração e várias opções de bares e restaurantes. É mais animado à noite.

VILLAGE OF MERRICK PARK
Lojas selecionadas e restaurantes interessantes em Coral Gables.

MIAMI NO CINEMA

Antes de embarcar para Miami, que tal rever algumas séries e filmes rodados na cidade? Quem sabe você não acaba experimentando momentos cinematográficos também?

SUGESTÕES DE FILMES

007 Contra Goldfinger (1964)
Ace Ventura – Um Detetive Diferente (1994)
Carga Explosiva 2 (2005)
Dostana (2008)
Gaiola das Loucas (1996)
Golpista do Ano (2009)
O Guarda-costas (1992)
Loucademia de Polícia 5 (1988)
Máfia no Divã (1999)
Marley e Eu (2008)
Miami Vice (2006)
Os Perdedores (2010)
Quem Vai Ficar com Mary? (1998)
Recém-chegada (2009)
Scarface (1983)

SUGESTÕES DE SÉRIES DE TV

C.S.I. Miami
Dexter
Supergatas

55

CRUZEIROS

Se você está planejando fazer um cruzeiro pelo Caribe, Miami é um dos melhores pontos de partida. O porto é movimentadíssimo e há navios que são verdadeiras cidades. Alguns têm até lojinha da Britto Central. Quem vai experimentar esse tipo de viagem pela primeira vez deve atentar-se para alguns detalhes.

• Primeiro confirme se o porto de saída é mesmo o de Miami, já que há cruzeiros que saem de Fort Lauderdale.

• Faça o check-in online e chegue ao porto com pelo menos quatro horas de antecedência da hora programada para zarpar. Mas lembre-se que antes das 11 horas há movimento dos passageiros desembarcando, por isso dirija-se ao porto somente depois desse horário.

• Informe-se com antecedência no site do navio sobre as atividades disponíveis durante o cruzeiro e deixe tudo reservado previamente, como excursões, shows, horários de refeições etc.

• Ao chegar ao porto, dirija-se à sua empresa, que vai ficar com as suas malas. Em seguida, verifique seu voucher e sua documentação.

• Saiba que a mala só chegará à sua cabine bem mais tarde, por isso leve uma mala de mão com remédios, roupa de banho e outras coisas que possa precisar antes disso. Sendo

CRUZEIROS

assim, você pode ir para a piscina, spa ou academia assim que entrar no navio.

• Aproveite o tempo livre antes da partida para conhecer o navio e ver tudo o que ele oferece. Pode ser que você descubra novas atividades e já as deixe reservadas.

• As lojas do navio são livres de impostos e entram em promoção no final do cruzeiro. O cartão de identificação serve como um cartão de crédito para consumo dentro do navio.

• É possível levar alimentos do buffet para sua cabine, mas é proibido embarcar no navio com bebidas e outros alimentos. Tudo o que for consumido durante o cruzeiro deve ser comprado dentro do navio.

• No dia anterior ao desembarque, você será avisado sobre o horário em que as malas devem estar prontas e fora da cabine para coleta. Aproveite para agendar o horário do seu check-out. Verifique todas as despesas em sua conta e acerte qualquer divergência antes de desembarcar.

> **!** É PRECISO FAZER IMIGRAÇÃO E ALFÂNDEGA NA VOLTA AO PORTO, CASO TENHA PASSADO POR OUTROS PAÍSES.

59

MIAMI COM CRIANÇAS

Sem sombra de dúvidas, Miami é um destino ideal para trazer os pequenos. Tem praia, parques, lojas legais, museus e hotéis com áreas dedicadas a eles, além de ser uma cidade segura e preparada para receber famílias do mundo inteiro.

DUCK TOURS SOUTH BEACH

Em uma mistura de ônibus e barco, o veículo anfíbio do Duck Tours oferece um passeio turístico divertido de 90 minutos pelas ruas de South Beach e pelas águas da Baía de Biscayne. Os guias são cheios de informações sobre curiosidades da cidade e conhecem as casas dos artistas famosos, que você poderá ver de perto. Diversão na certa.

- 1661 James Avenue
  South Beach
  (305-673-2217)
  www.ducktourssouthbeach.com

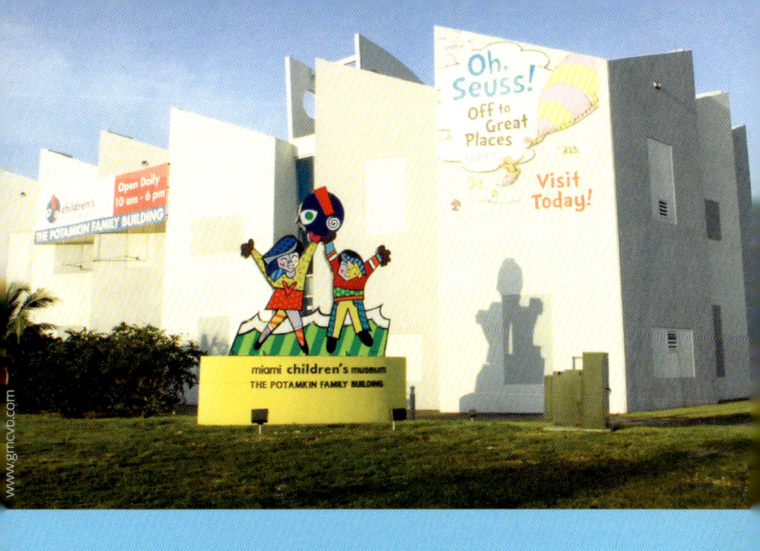

MIAMI CHILDREN'S MUSEUM

Este é um lugar para brincar e criar. No Children's Museum, os pequenos podem se transformar em veterinários, jornalistas, bombeiros, médicos e capitães de navio. Muito bem montado, a meio caminho entre South Beach e Downtown, o lugar ensina princípios de saúde, economia e educação de maneira interativa e colorida. Ideal para crianças que conseguem se comunicar pelo menos basicamente em inglês.

🟠 *980 Macarthur Causeway*
   Downtown
   (305-373-5437)
   @MiChiMu
   www.miamichildrensmuseum.org

MIAMI COM CRIANÇAS

MIAMI SCIENCE MUSEUM & PLANETARIUM

O Science Museum é um programa ideal para pais e filhos descobrirem e aprenderem juntos. Muito mais do que um museu, este centro de aprendizado tem exposições interativas e interessantíssimas sobre o sistema solar, leis da física, descobertas da química, a vida selvagem, a pré-história e vários outros assuntos. A programação diária de shows é intensa, inclusive no planetário.

Um novo edifício para o museu está em plena construção em Downtown Miami e promete abrir as portas em 2014. Enquanto isso, aproveite para combinar uma visita ao Science Museum junto com o Seaquarium, já que ficam próximos um ao outro.

- 3280 South Miami Avenue
  Coconut Grove
  (305-646-4200)
  @MiaSci
  www.miamisci.org

SEAQUARIUM

O paraíso dos golfinhos, leões-marinhos, orcas, focas, peixes-boi e vários outros animais silvestres é um programa imperdível. O Seaquarium é o maior parque desse tipo nos Estados Unidos e é visitado anualmente por mais de 600 mil turistas. Há shows incríveis, principalmente com a orca Lolita. O que não faltam são oportunidades de interação com os bichos, como o famoso nado com os golfinhos.

Quem tem um pouco mais de idade deve lembrar-se da série de TV Flipper, que foi filmada ali. Dá para passar o dia inteiro no Seaquarium e em dias quentes as piscinas são uma atração à parte.

- 4400 Rickenbacker Causeway
  Key Biscayne
  (305-361-5705)
  @MiamiSeaquarium
  www.miamiseaquarium.com

MIAMI COM CRIANÇAS

ZOO MIAMI

O zoológico de Miami é um daqueles de verdade, que fazem a visita valer a pena. Ele fica um pouco afastado do centro, bem ao sul, mas lá você poderá ver uma variedade enorme de animais dos cinco continentes. O bacana é que eles ficam ao natural, sem jaulas e grades. É como se estivéssemos em uma Disney onde, em vez de robôs, tudo é real.

A estrutura do lugar é impecável e o programa pode facilmente ocupar um dia inteiro. São mais de duas mil espécies de animais como flamingos, cangurus, gorilas, tigres-de-bengala, leões, rinocerontes, girafas, sapos e borboletas. O bom é que a visita serve também como uma lição prática de inglês!

- 12400 SW 152nd Street
  South Miami
  (305-251-0400)
  www.miamimetrozoo.com

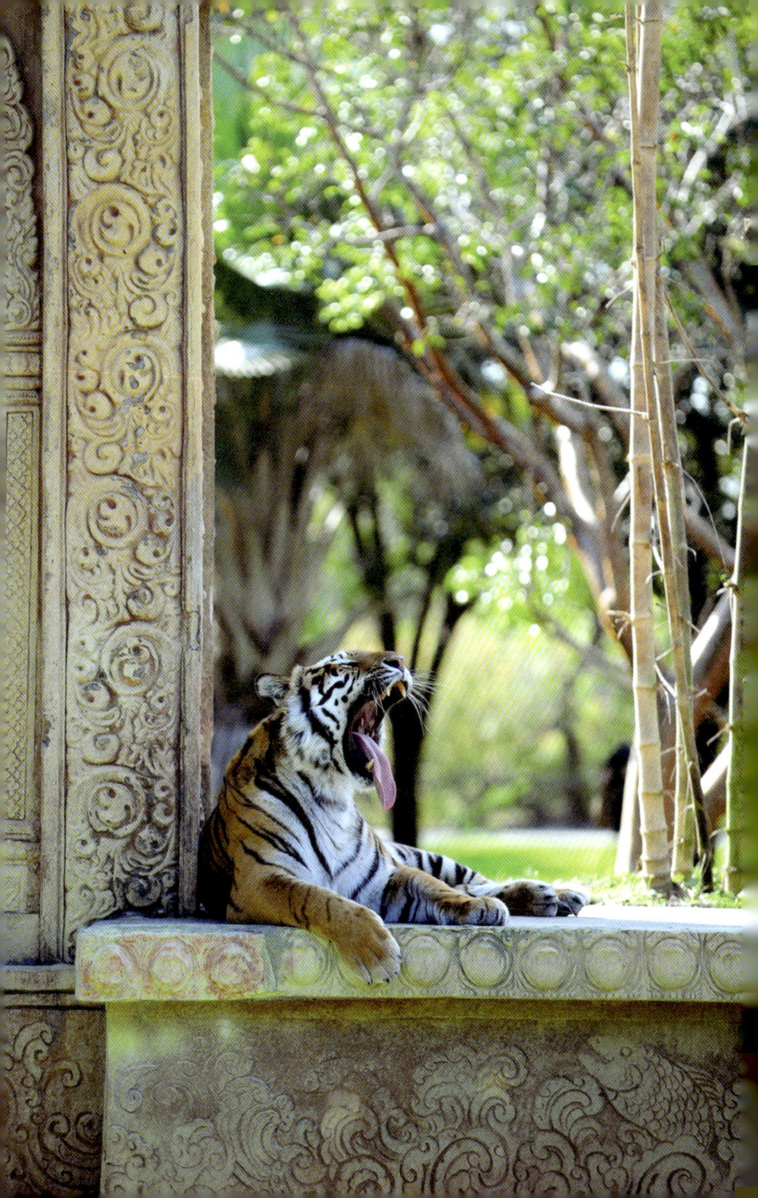

MIAMI ATIVA

O clima de Miami é um convite à vida saudável e ativa. Do golfe ao surfe, da patinação à quadra de tênis, o que não faltam são opções.

NO MAR

SURFE
Um dos poucos locais com boas ondas é o Haulover Beach Park, perto de Sunny Isles. Lá, além de surfistas, você vai encontrar muitos nudistas. Se você realmente busca boas ondas, vai ter que dirigir umas três horas até Sebastian Inlet e Cocoa Beach, cidade natal de Kelly Slater, o maior ícone do esporte. Se for até lá, não deixe de conhecer a sede da Ron Jon, um dos maiores surf shops do mundo.

WAKEBOARD
Entre as várias opções, a Gator Bait Wakeboard aluga lanchas, pranchas e tem professores para ensinar os principiantes. Fica na Rickenbacker Marina, em Virginia Key, a caminho de Key Biscayne.
www.gatorbaitwakeboard.com

STAND-UP PADDLE
O SPU, para os íntimos, é o esporte em que se fica de pé na prancha, locomovendo-se com um remo. Está virando mania mundial e Miami aderiu à moda. A SoBe Surf oferece aulas para adultos e crianças, tanto em South Beach quanto em qualquer outra praia, dependendo do seu nível e habilidades. Também oferece aulas de surfe e tem uma filial em Cocoa Beach.
www.sobesurf.com

KITEBOARDING

A praia de Crandon Park, em Key Biscayne, é considerada uma das dez melhores nos Estados Unidos para a prática de kiteboarding. A Miami Kiteboarding é uma escola supercompleta que oferece não só aulas e cursos de kitesurfe, como aluguel de caiaque, barcotáxi e equipamentos de Stand-up Paddle. As aulas são particulares ou em grupo para adultos e crianças, que podem até participar de uma colônia de férias durante o verão.
www.miamikiteboarding.com

WINDSURF

Quem pratica este esporte já deve ter ouvido falar de Hobie Beach. Não por acaso, a praia também é chamada de Windsurf Beach, pois tem um vento constante que atrai os windsurfistas. Destino popular de esportes aquáticos em geral, conta com várias atrações para os turistas. Fica em Key Biscayne e é uma das poucas praias onde dá para levar cachorros.

EM TERRA

CORRIDA

Correr por Miami é uma delícia. A cidade é plana e não faltam lugares incríveis para treinar. O Kennedy Park, em Coconut Grove, é frequentado por corredores de todos os níveis e tem uma pista com pavimento especial. O Morningside Park, perto do Design District, também tem uma pista à beira da Baía de Biscayne. O lugar mais pop para corrida é o calçadão de Miami Beach, que vai do Lummus Park, na Ocean Drive, até a rua 46, mas você vai ver que tem gente correndo por todos os lados da cidade, inclusive ao longo da Lincoln Road. Se você gosta de participar de corridas, veja no site www.runmiami.com um calendário completo.

TÊNIS

A cidade oferece mais de 250 quadras públicas. O esporte é bastante popular por aqui e um dos maiores eventos tenísticos fora do Grand Slam acontece aqui em março. É o Sony Ericsson Open, no Crandon Park, em Key Biscayne. Fora da temporada de torneios, o complexo é aberto ao público com quadras de laykold, grama e saibro. Em SoBe, o Flamingo Park Tennis Center possui 19 quadras de saibro e é possível ter aulas particulares.

BICICLETA

Quase todos os bairros têm ciclovias para passeios tranquilos em família. As ruas arborizadas de Coconut Grove, a Rickenbacker Causeway e a ilha de Key Biscayne são ótimas opções de lugares para pedalar. Quem gosta de aventura pode ir ao Shark Valley, nos Everglades, onde uma trilha de 25 quilômetros pelo parque tem jacarés e outros animais selvagens. Diversas lojas oferecem bicicletas para alugar e algumas promovem passeios em grupos. Quem preferir, pode montar seu próprio roteiro com a ajuda dos Bike Trails do site www.miamidade.gov/parksmasterplan.

PATINS E ROLLER

Patinadores estão presentes por SoBe em todas as horas do dia. Seja na Ocean Drive, na Lincoln Road, no South Point Park, no Lummus Park ou na Española Way. Há várias lojas que alugam patins e instrutores de plantão. Mas cuidado com os carros, com os semáforos e com pessoas nas calçadas. Quem procura pistas mais tranquilas, principalmente para ir com crianças, vai gostar do Crandon Park, em Key Biscayne, e do campus da Florida University, em Coral Gables.

GOLFE

Não faltam campos de golfe em Miami para agradar aos adeptos deste esporte que atrai tanta gente para cá. Os do Miami Beach Golf Club, do Turnberry Isle Resort, do Biltmore Hotel, do Doral Golf Resort e do Crandon Park, em Key Biscayne, são os mais procurados e com paisagens lindas. Miami está no circuito dos torneios internacionais de golfe, com o Cadillac Championship, nos meses de março.

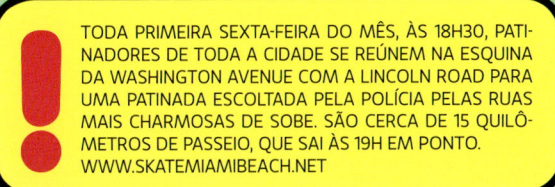

> **!** TODA PRIMEIRA SEXTA-FEIRA DO MÊS, ÀS 18H30, PATINADORES DE TODA A CIDADE SE REÚNEM NA ESQUINA DA WASHINGTON AVENUE COM A LINCOLN ROAD PARA UMA PATINADA ESCOLTADA PELA POLÍCIA PELAS RUAS MAIS CHARMOSAS DE SOBE. SÃO CERCA DE 15 QUILÔMETROS DE PASSEIO, QUE SAI ÀS 19H EM PONTO. WWW.SKATEMIAMIBEACH.NET

MIAMI DE NORTE A SUL

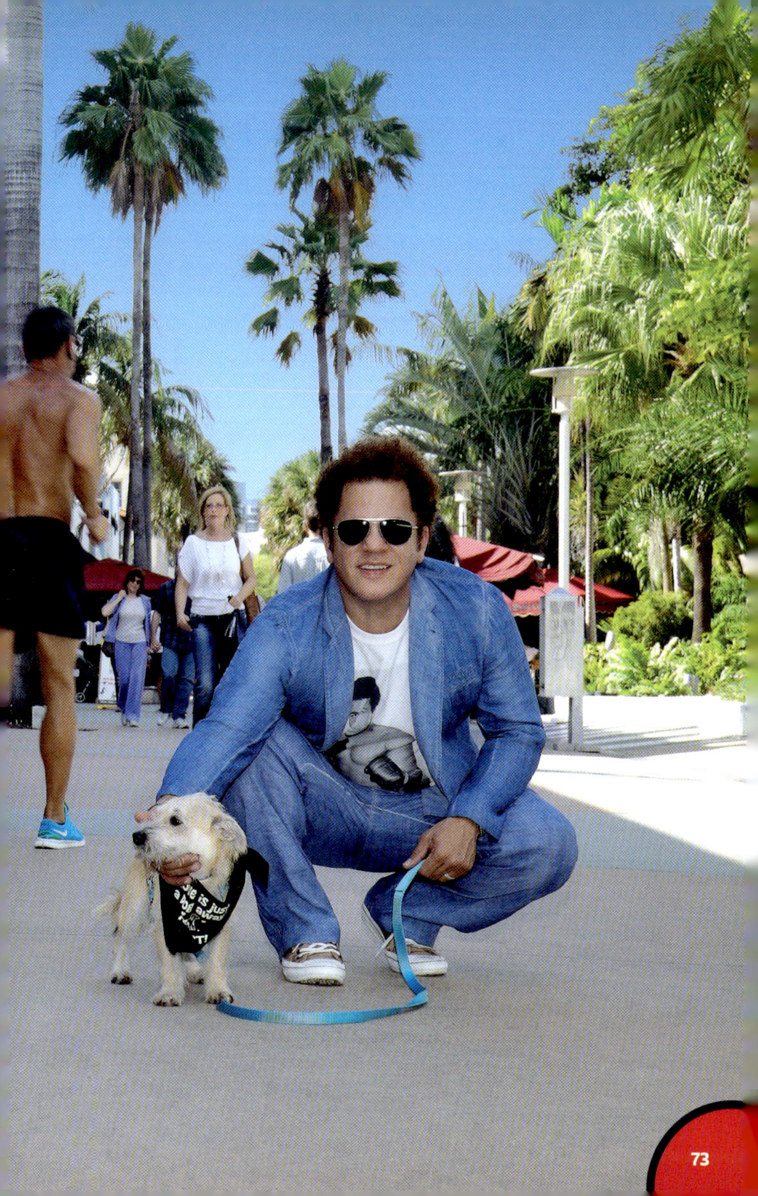

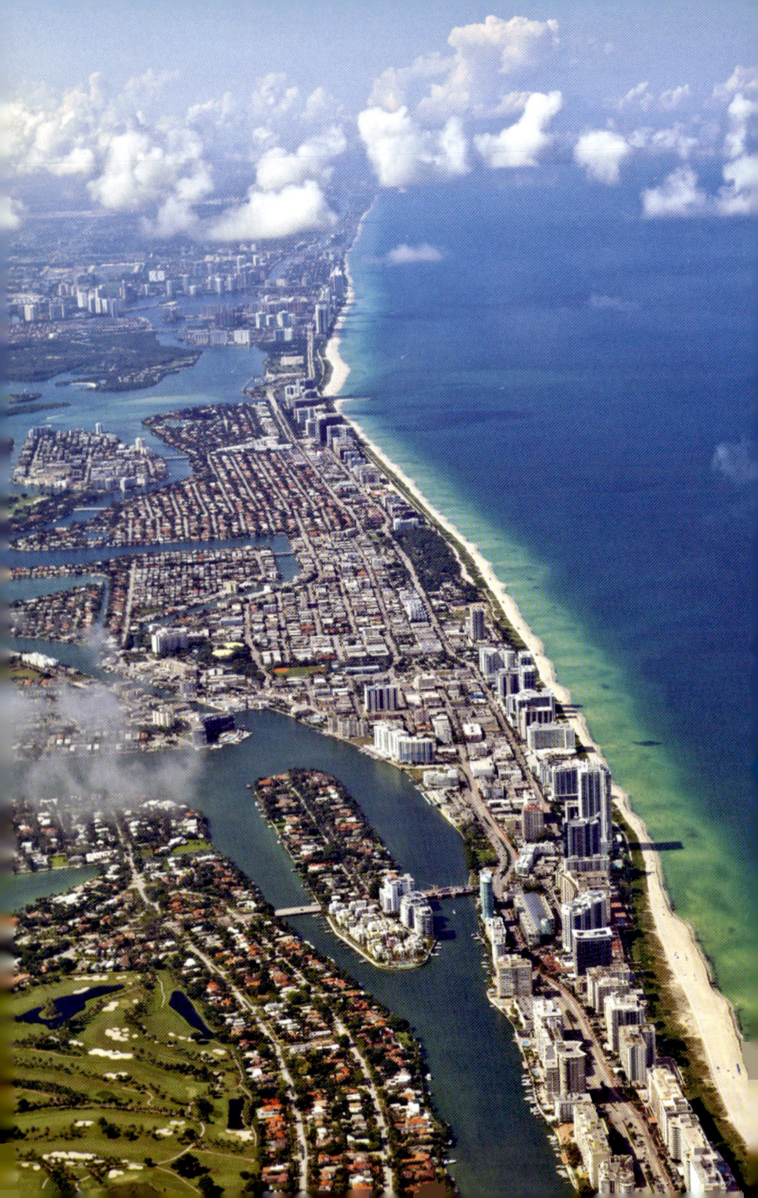

Até pouco tempo atrás, os turistas que visitavam Miami só iam até o norte da cidade para fazer compras no sofisticado Bal Harbour Shops ou no completo Aventura Mall. Mas um crescimento acelerado tomou conta da região, que hoje abriga excelentes hotéis e ótimos restaurantes.

Vindo de Miami Beach e seguindo pela Collins Avenue, você passará pelas praias de Surfside, Bal Harbour e Sunny Isles até chegar a Gold Beach. Não se preocupe se estranhar a mudança de cenários que alternam construções simples e sem graça com outras bastante surpreendentes. Há bairros de diferentes padrões ao longo do caminho e o mais badalado deles é, sem dúvida, o elegante Bal Harbour, que não só abriga um luxuoso shopping, mas imóveis de alto padrão e ruas charmosas, além do Haulover Beach Park, um trecho de praia com belas paisagens, espaços para fazer piquenique, píer para a prática da pesca e uma área reservada para o nudismo.

Outra atração importante de North Miami é o MOCA, Museu de Arte Contemporânea, que nasceu com o objetivo de lançar luz sobre novos talentos. Se sua ideia é fazer umas comprinhas e ainda aproveitar o que tem de melhor por lá, as próximas páginas estão cheias de boas dicas.

NORTH MIAMI
HOTÉIS

ACQUALINA
17875 Collins Avenue
Sunny Isles
(305-918-8000)
@AcqualinaResort
www.acqualinaresort.com

Inspirado em uma piazza europeia, consegue ser grandioso e imponente sem perder o charme. O serviço é impecável e as suítes oferecem tudo o que um hóspede precisa para sentir-se em casa. Aproveite para fazer um dos tratamentos oferecidos pelo ESPA, primeira filial americana da famosa rede de spas inglesa e entre os dez melhores do mundo. Para quem tem crianças, é uma ótima opção, pois oferece programas especiais em uma base de estudos marinhos. Para quem não tem filhos ou preferiu deixá-los em casa, o Acqualina tem um cardápio variado de surpresas românticas como jantares à luz de velas na beira da praia. É só consultar o concierge.

COURTYARD BY MARRIOTT
2825 NE 191st Street
Aventura
(305-937-0805)
@AventuraCY
www.aventuracourtyard.com

Perfeito para quem vai fazer compras em Miami, o Courtyard fica a poucos metros do Aventura Mall e a dez minutos do Bal Harbour. É uma boa dica também para quem vai fazer cruzeiro, pois fica perto do aeroporto e a caminho de Fort Lauderdale. Tem piscina, mas não fica perto da praia. Os quartos são bons e, como todo hotel de rede, é confiável. Os quartos têm frigobar e, por US$ 25 a mais, a recepção disponibiliza um forno de micro-ondas. O estacionamento é grátis e a diária é por apartamento, então um quarto para quatro pessoas sai pelo mesmo preço de um single.

DADDY O HOTEL
9660 E Bay Harbor Drive
Bay Harbor Islands
(305-868-4141)
www.daddyohotel.com/miami

A poucas quadras do Bal Harbour Shops, este hotel-butique é um achado para quem busca uma ótima relação de custo-benefício. Por ser pequeno, o serviço é muito atencioso. Limpo e confortável, tem instalações modernas e o café da manhã está incluído na diária. Alguns hóspedes reclamam que as paredes são um pouco finas demais, mas isso acontece em vários hotéis por aqui. E, como não tem room service, é possível pedir comida no quarto dos vários restaurantes ao redor, o que deixa as escolhas mais interessantes do que o costumeiro club sandwich.

ST. REGIS BAL HARBOUR RESORT
9703 Collins Avenue
Bal Harbour
(305-993-3300)
www.stregisbalharbour.com

Uma das grandes novidades em North Miami no início de 2012 foi a inauguração deste hotel de luxo da rede St. Regis, que promete dar bastante trabalho para a concorrência. São três torres com 243 apartamentos e um serviço impecável, que inclui um mordomo. O bacana é que a decoração, apesar de ter um pouco do "bling" característico de Miami, conseguiu reinterpretar o Art Déco em algo mais contemporâneo. Mesmo quem não se hospedar nele precisa passar por lá para tomar um drinque no bar ou jantar no J&G Grill.

NORTH MIAMI
RESTAURANTES

ANTHONY'S COAL FIRED PIZZA $$
17901 Biscayne Boulevard
North Miami Beach
(305-830-2625)
@AnthonysCFPizza
www.anthonyscoalfiredpizza.com

Deliciosas pizzas de massa fina e borda crocante (que vem sempre meio torradinha). Faz parte de uma rede espalhada por várias cidades americanas e é uma ótima opção para toda a família. Uma dica? Experimente o Coal Oven Rosted Chicken Wings. São asinhas de frango assadas no forno de pizza que vêm acompanhadas de cebolas caramelizadas e focaccia. Bom demais!

BOURBON STEAK $$$
19999 W Country Club Drive
Aventura
(786-279-6600)
www.michaelmina.net

Dois programas em um: comer um dos melhores filés de Miami e conhecer um hotel fantástico, o Turnberry Isle. A carne da Bourbon Steak é orgânica e famosa aqui nos Estados Unidos. O chef Michael Mina tem inúmeros restaurantes espalhados pelo país. Já o hotel é um paraíso em estilo mediterrâneo, com piscinas incríveis, um campo de golfe enorme e várias outras atrações que podem convencer você a ficar por ali mesmo. Quem sabe na próxima viagem?

CAFÉ RAGAZZI $$$
9500 Harding Avenue
Surfside
(305-866-4495)
www.caferagazzi.com

Apreciadores da culinária italiana vão adorar este restaurante em Surfside que há 15 anos serve um dos cardápios mais completos em um ambiente bastante animado. Pizzas de massa fininha, risotos no ponto certo, carnes e peixes saborosos e uma carta de vinhos ótima transformam os clientes em fãs de carteirinha. Muita gente que mora na região bate ponto por ali.

J&G GRILL $$$$
9703 Collins Avenue
Bal Harbour
(305-993-3333)
www.jggrillmiami.com

Inaugurado em janeiro de 2012 no St. Regis Bal Harbour Resort, este restaurante tem seu cardápio — que mistura a culinária francesa com a asiática — assinado pelo estrelado chef Jean-Georges Vongerichten. Reserve uma mesa na varanda para tornar a experiência ainda mais excepcional.

MAKOTO $$$
9700 Collins Avenue
Bal Harbour Shops
(305-864-8600)
www.makoto-restaurant.com

A nova sensação do Bal Harbour Shops é este restaurante japonês, inaugurado em 2011 e capitaneado pelo chef Makoto Okuwa, que nasceu em Nagoia. A comida é excelente e criativa, revelando a capacidade de inovação nipônica. Reserve uma mesa na área externa e passe a tarde curtindo as cores e texturas dos pratos. Os favoritos são os Dynamite Hand Rolls e o Spicy Tuna Crispy Rice.

NORDSTROM CAFÉ BISTRO $
19507 Biscayne Boulevard
Aventura Mall
(305-356-6900)
www.nordstrom.com

Uma dica infalível e super insider no gigantesco Aventura Mall é este bistrô, que fica dentro de uma das lojas-âncoras, a Nordstrom. Ideal para quem não quer ficar amontoado na praça de alimentação do shopping nem nas longas filas dos restaurantes e que busca uma alimentação mais saudável, inspirada nos bistrôs franceses. O melhor de tudo é que o preço é superamigável e o lugar é lindo. A Crab Bisque (sopa de caranguejo) é divina!

NORTH MIAMI
RESTAURANTES

SUSHI SIAM $$
19575 Biscayne Boulevard
Aventura Mall
(305-932-8955)
www.sushisiam.com

Entre uma compra e outra você precisará de uma boa refeição para recarregar as energias no Aventura Mall. Uma ótima pedida é o Sushi Siam, que serve pratos japoneses e tailandeses. Desde os clássicos Pad Thai até as lagostas, que estão entre as especialidades da casa. Há vários outros endereços na cidade.

THE PALM $$$
9650 E Bay Harbor Drive
Bay Harbor Islands
(305-868-7256)
@PalmStkMan
www.thepalm.com/Miami

De origem italiana, especializado em carnes e lagostas. O The Palm nasceu em Nova York, em 1926, e teve sua filial aberta em Miami no ano de 1981, época em que o restaurante também se expandiu para várias outras cidades americanas. Comida boa e ótimo atendimento.

TIMÓ $$
17624 Collins Avenue
Sunny Isles
(305-936-1008)
www.timorestaurant.com

Outro italiano delicioso entre o Aventura Mall e o Bal Harbour Shops, com um cardápio bastante variado, cheio de ingredientes frescos, inspirado no Mediterrâneo. As massas são caseiras e as pizzas, assadas no forno a lenha. Descontraído e gostoso.

NORTH MIAMI
BARES E BALADAS

© Leading Hotels of the World | Acqualina Resort & Spa

AARIA BAR & LOUNGE
17875 Collins Avenue
Sunny Isles
(305-918-8000)
www.acqualinaresort.com

Que tal beber um sofisticado drinque no fim de tarde em uma varanda confortável com vista para o mar? O bar do Acqualina Resort & Spa é uma ótima opção nas redondezas. Se bater aquela fominha, peça um prato do Hiro's Yakko Sushi, servido entre as 17 e as 23 horas.

MARTINI BAR
601 Silks Run
Village at Gulfstream Park
(954-589-2679)
@MartiniBarGulf
www.martinibargulfstream.com

Fica localizado no Village at Gulfstream Park. Inaugurado há pouco tempo, é ideal para tomar drinques com amigos depois do trabalho. A especialidade da casa são tapas e coquetéis supercriativos.

NORTH MIAMI
COMPRAS

ABERCROMBIE & FITCH
19501 Biscayne Boulevard
Aventura Mall
(305-466-0110)
www.abercrombie.com

Marca centenária e tradicional que se reinventou e tornou-se queridinha das celebridades. Não é raro ver jogadores de futebol, atores e outras personalidades do showbizz exibindo camisetas e bonés com a logo da grife. As lojas chamam a atenção com música eletrônica tocando alto, vendedores musculosos sem camisa em um ambiente que lembra mais uma festa do que uma loja de roupas.

APPLE STORE
19501 Biscayne Boulevard
Aventura Mall
(305-914-9826)
@AppStore
www.apple.com

iPods, iPads, iPhones e todos os acessórios ligados à marca Apple em um só lugar com direito a vendedores especialistas no assunto para tirar qualquer dúvida. Bom lugar também para acessar o seu e-mail sem pressão. É possível passar horas lá dentro que ninguém vai olhar para você com cara feia. Tem no Aventura Mall, na Lincoln Road, no Dadeland Mall.

AVENTURA MALL
19501 Biscayne Boulevard
(305-935-1110)
@AventuraMall
www.aventuramall.com

Supercompleto. Ótimo shopping para fazer compras para toda a família. Tem desde grifes de luxo, como Burberry e Louis Vuitton, até lojas de departamento, como Bloomingdale's e Macy's. São cerca de 300 lojas e vários restaurantes. Perfeito para quem quer resolver tudo em um mesmo lugar.

BAL HARBOUR SHOPS
9700 Collins Avenue
(305-866-0311)
@BalHarbourShops
www.balharbourshops.com

Concentra as melhores lojas de grife de Miami. Inaugurado na década de 1980, ainda se mantém no topo da lista dos shoppings mais luxuosos da cidade. Lojas como Jimmy Choo, Chanel, Gucci, Ralph Lauren e a minha preferida: Dolce & Gabanna. Há pouco foi inaugurada uma filial da livraria Books & Books, que vende os lindos livros da editora Assouline.

BED, BATH & BEYOND
19205 Biscayne Boulevard
Aventura
(305-935-6244)
@BedBathBeyond
www.bedbathandbeyond.com

Um sonho para quem quer comprar coisinhas para a casa. Todo o tipo de utensílios para cozinha, quarto, sala e banheiro com ótimos preços. Reserve um bom tempo para se perder nos corredores da loja e não se esqueça de conferir o corner com os mais variados itens com a assinatura Romero Britto. Existem filiais por todo o território americano e três lojas em Miami. Esta fica bem ao lado do Aventura Mall.

NORTH MIAMI
COMPRAS

CONTAINER STORE
500 Seabiscuit Trail
Village at Gulfstream Park
(954-455-1210)
@ContainerStore
www.containerstore.com

Compulsivos por organização vão encontrar o nirvana nesta loja em que há de tudo para organizar a casa, o escritório ou qualquer outro lugar que você ache que precisa de um pouco mais de ordem. Caixas, gavetas, armários, cabides, malas e mais milhões de outras sugestões para que tudo fique no seu devido lugar. Também tem uma na frente do Dadeland Mall.

EPICURE MARKET
17190 Collins Avenue
Sunny Isles
(305-947-4552)
@epicuremarket
www.epicuremarket.com

Paraíso dos gourmets, é o lugar ideal para encontrar temperos, especiarias, vinhos, salames, queijos e uma enorme variedade de delícias. Se sua ideia é alugar um apartamento em vez de hospedar-se em hotel, vai adorar dar um pulinho aqui para comprar coisinhas gostosas. Em dois endereços, um em Miami Beach e este em Sunny Isles.

GILLY HICKS
19501 Biscayne Boulevard
Aventura Mall
(305-705-9950)
@GillyHicks
www.gillyhicks.com

Grife de lingeries de origem australiana que faz parte do grupo da Abercrombie & Fitch. As peças vão do casual ao sexy e a loja é um charme. São vários ambientes que criam um clima bem aconchegante, como se você estivesse na casa da Gilly, personagem fictícia da marca. Dentro dos provadores há cômodas com todas as lingeries da loja, assim a cliente não precisa sair para procurar modelos da sua numeração.

NINI & LOLI
2962c Aventura Boulevard
Aventura
(305-936-9959)
www.niniandloli.com

Ótima opção para quem quer fazer um enxoval completo para o bebê. Carrinhos, brinquedos educativos, móveis para o quarto, produtos de higiene e mais uma infinidade de coisas que uma criança precisa (e não precisa, mas você vai querer!) em um só lugar. Não é a loja mais barata para esse tipo de compra, mas é cheia de coisinhas diferentes com design moderno.

ORIGINAL PENGUIN
19501 Biscayne Boulevard
Aventura Mall
(305-792-2616)
@OriginalPenguin
www.originalpenguin.com

Tradicional marca americana que surgiu na década de 1950, fez fama com suas camisas polo masculinas feitas para praticantes de golfe e tornou-se a queridinha de famosos como Frank Sinatra e Richard Nixon. Ela se reinventou e conquistou o público jovem com seus suéteres, cardigãs, blazers e jaquetas no melhor estilo old school. Entre as celebridades que desfilam por aí com o famoso pinguim bordado nas camisetas está Brad Pitt e Johnny Depp. Tem na Lincoln Road e esta no Aventura Mall.

VILLAGE AT GULFSTREAM PARK
501 South Federal Highway
Hallandale
(954-378-0900)
@ShopGulfstream
www.thevillageatgulfstreampark.com

Um complexo que abriga um shopping a céu aberto, um cassino, hipódromo, night clubs e restaurantes. É um ótimo lugar para comprar coisas para casa, pois conta com lojas como Pottery Barn, Williams Sonoma, Crate&Barrel, West Elm e Container Store.

NORTH MIAMI
COMPRAS

TOTAL WINE
14750 Biscayne Boulevard
North Miami Beach
(305-354-3270)
@TotalWine
www.totalwine.com

Uma das maiores seleções de vinhos e outras bebidas alcoólicas da cidade (e talvez de toda a Flórida) você vai encontrar na Total Wine. O lugar é enorme e realmente tem de tudo. O melhor é que os funcionários são experts e ajudam a escolher os melhores rótulos, dependendo do que você está buscando. Também organizam degustações e cursos interessantes.

URBAN OUTFITTERS
19575 Biscayne Boulevard
Aventura Mall
(305-936-8358)
@UrbanOutfitters
www.urbanoutfitters.com

Templo de camisetas, jeans, peças e acessórios moderninhos. Além de roupas, a grife americana, que existe desde 1970, vende uma variedade enorme de produtos bacanas: coisas para a casa, maquiagens, brinquedos divertidos, gadgets e muito mais. Tudo muito descolado! Tem no Aventura Mall, na Collins Avenue e em Coral Gables.

VILEBREQUIN
9700 Collins Avenue
Bal Harbour Shops
(305-861-4022)
@Vilebrequin_US
www.vilebrequin.com

A etiqueta retangular azul-marinho com a marca bordada nos calções de banho coloridos é presença garantida nos balneários mais badalados do planeta. Hoje a grife produz também peças masculinas em linho, tudo no melhor estilo Riviera Francesa.

WEST ELM
401 Seabiscuit Trail
Village at Gulfstream Park
(954-457-3363)
@westelm
www.westelm.com

Loja de decoração com preços interessantes e muita coisa de bom gosto. São vários cômodos montados ao longo da loja como se fossem pequenos apartamentos. Gostou, comprou, levou. Simples assim! Tem também no Shops at Midtown e no Dadeland.

NORTH MIAMI
ARTE

MUSEUM OF CONTEMPORARY ART – MOCA
770 NE 125th Street
North Miami
(305-893-6211)
@mocanomi
www.mocanomi.org

Inaugurado em 1996 com o objetivo de descobrir novos talentos contemporâneos, o MOCA tornou-se referência em arte de vanguarda. A arquitetura do edifício é show e sempre tem uma exposição que vale a pena a visita. O espaço está passando por um grande plano de expansão que deverá estar concluído até 2014.

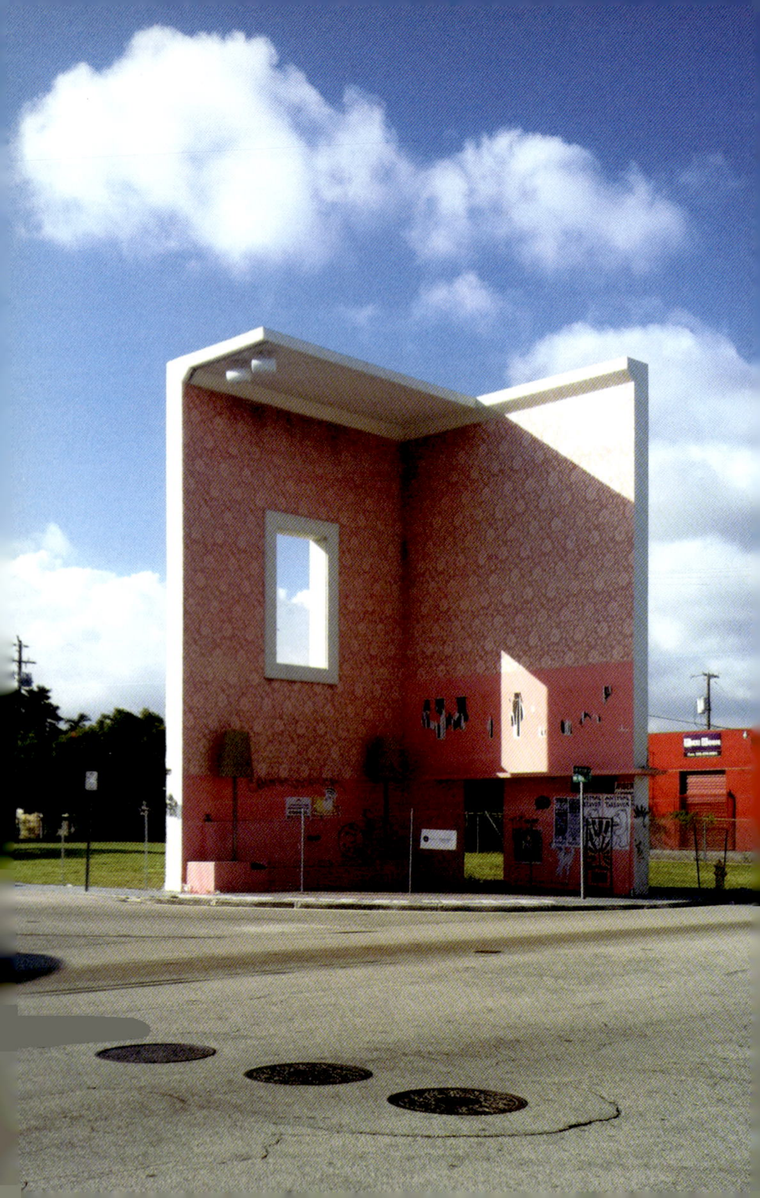

Não espere encontrar aqui construções arquitetônicas estilosas como as do Art Deco District nem as beldades e todo aquele glamour de South Beach. Tanto o Design District quanto o Wynwood (bairros que ficam um ao lado do outro) têm um cenário meio cinzento, cheio de galpões e muros grafitados. Há menos de uma década eram regiões de pouco prestígio e índices altos de criminalidade para os padrões locais. Mas, como acontece em várias metrópoles do mundo, começaram a receber artistas de vanguarda em busca de aluguéis mais baratos, acabaram atraindo o olhar de quem busca novidades nas artes, no design e na moda.

Assim como aconteceu com bairros como SoHo e Meatpacking, em Nova York, Design District e Wynwood estão virando reduto trendy. Grifes como Christian Louboutin e Martin Margiela já abriram suas portas por lá e ouvi dizer que a Louis Vuitton e a Hermès também têm planos de se instalar na vizinhança. Bons restaurantes, vida noturna agitada e uma incrível variedade de galerias de arte ocupam as ruas ao lado de grandes lojas de móveis de design. Reserve uma boa parte do seu dia para andar com calma pela região, visitando os espaços que mais chamam sua atenção e conhecendo os artistas de vanguarda que mostram o trabalho por aqui.

DESIGN DISTRICT + WYNWOOD

DESIGN DISTRICT + WYNWOOD
RESTAURANTES

CRUMB ON PARCHMENT $$
3930 NE 2nd Avenue
Wynwood
(305-572-9444)
@CrumbMiami
www.facebook.com/CrumbMiami

Excelente pedida para um café da manhã sem pressa. Serve também almoço, com uma comida gostosa e despretensiosa. Aproveite para usar a internet Wi-Fi gratuita enquanto saboreia as delícias da chef Michelle Bernstein, a mesma do badalado Michy's, no Upper East Side, e do Sra. Martinez, ali pertinho.

GIGI $$
3470 North Miami Avenue
Wynwood
(305-573-1520)
@giginow
www.giginow.com

A decoração simples e o ambiente moderninho não revelam o que vem a seguir: pratos deliciosos e extremamente bem elaborados que surpreendem a cada pedido. As porções são pequenas, o que é ótimo, pois você pode experimentar mais de um prato. Não deixe de provar os famosos mushroom buns e fique de olho nos especiais do dia. A sobremesa imperdível chama-se "Warm apple crumble a la mode". Abre terças, quartas e quintas até as 3 horas da madrugada. Sexta e sábado, até as 5 horas. Nos fins de semana serve brunch. Imperdível.

HARRY'S PIZZERIA $$
3918 North Miami Avenue
Wynwood
(786-275-4963)
@harryspizzeria
www.harryspizzeria.tumblr.com

Sem dúvida, a melhor pizza da região. Experimente a simples, mas deliciosa Caponada, feita de queijos mozzarella e pecorino com basílico. Se preferir algo mais leve, as saladas são ótimas opções. Entre as preferidas está a Orange & Radish.

JOEY'S $$
2506 NW 2nd Avenue
Wynwood
(305-438-0488)
www.joeyswynwood.com

É meu restaurante preferido na região. Fica muito perto do Studio Romero Britto, por isso sou frequentador assíduo. Cozinha italiana de primeira em um ambiente bem acolhedor, com ótimo atendimento. O Gnocchi alla romana é uma especialidade da casa. Delicioso!

LESTER'S $
2519 NW 2nd Avenue
Wynwood
(305-456-1784)
@LestersMiami
www.lestersmiami.com

Um espaço para a troca de ideias, com mesas comunitárias, uma boa seleção de jornais e revistas e um cardápio pequeno e simples de sanduíches e snacks. Há sempre algum evento diferente que reúne gente interessante das redondezas.

METRO ORGANIC BISTRO $$$
7010 Biscayne Boulevard
Upper East Side
(305-751-8756)
www.metroorganicbistro.com

Uma casa linda, modernista, cheia de vidros e janelões é onde funciona o primeiro restaurante gourmet orgânico de Miami. Mas não confunda orgânico com sem sabor. Muito pelo contrário. Aqui as receitas são deliciosas, saborosas e, o melhor de tudo, sem agrotóxicos, conservantes ou outras porcarias. A polenta trufada que servem de acompanhamento vale a viagem.

DESIGN DISTRICT + WYNWOOD
RESTAURANTES

MICHAEL'S GENUINE FOOD AND DRINK $$
130 NE 40th Street
Design District
(305-573-5550)
@MGFD_MIA
www.michaelsgenuine.com

Comida fresca, simples e pura. Esse é o slogan deles e a melhor definição para os pratos servidos por lá. Com a filosofia do slow food (movimento que celebra o prazer da alimentação), tem um cardápio que muda diariamente, de acordo com os ingredientes disponíveis nos mercados.

MICHY'S $$$
6927 Biscayne Boulevard
Upper East Side
(305-759-2001)
www.michysmiami.com

Fica na região de Upper East Side, um pouco ao norte. Criado por David Martinez e Michelle Bernstein (a chef), tem uma comida primorosa com ingredientes vindos de produtores locais. Geralmente peço os pratos especiais do dia, já que gosto de variar o cardápio.

SRA. MARTINEZ $$$
4000 NE 2nd Avenue
Design District
(305-573-5474)
@SraMartinezRest
www.sramartinez.com

Superdescolado, faz parte do grupo de restaurantes da Michelle Bernstein. Durante a semana, abre apenas para o jantar, com uma enorme variedade de tapas e pratos incríveis, como o filé de gado wagyu. Nos fins de semana serve brunch, das 11h30 às 15h30.

SUGARCANE RAW BAR GRILL $$$
3252 NE 1st Avenue
Wynwood
(786-369-0353)
@sugarcanerawbar
www.sugarcanerawbargrill.com

Pertinho do Shops at Midtown, é ótima pedida para quem gosta de tapas e de um ambiente descolado. A decoração é inspirada na Havana de Hemingway. Com muitos frutos do mar frescos no cardápio (por isso Raw Bar), é o lugar para ir com amigos e ficar horas petiscando, conversando e curtindo. Ideal para paquerar.

DESIGN DISTRICT + WYNWOOD
BARES E BALADAS

BARDOT
3456 North Miami Avenue
Wynwood
(305-576-5570)
@BardotMiami
www.bardotmiami.com

Badaladíssima casa de shows, tem sempre ótimas bandas e DJs. É um hot spot da região, com concertos de músicos que estão despontando no cenário musical e outros já reconhecidos pelo público mais alternativo, como a banda da atriz Juliette Lewis. A carta de drinques é bem completa, mas não há comida no menu.

CAFEÍNA LOUNGE
297 NW 23rd Street
Wynwood
(305-438-0792)
@cafeinawynwood
www.cafeinamiami.com

Mix de lounge bar, clube e galeria de arte. A cozinha serve tapas e é possível reservar um espaço para festas privadas. Nos dias mais quentes, a melhor pedida é sentar-se nos sofás do terraço e escolher um dos deliciosos coquetéis do cardápio, como o Café con Leche Martini ou o Black Jack.

WYNWOOD KITCHEN AND BAR
2550 NW 2nd Avenue
Wynwood
(305-722-8959)
www.wynwoodkitchenandbar.com

Localizado no coração de Wynwood, este restaurante está cercado por muros e paredes grafitadas com alguns dos artistas mais importantes da arte urbana mundial, como a dupla brasileira Os Gêmeos e Shepard Fairey, criador do famoso pôster Hope para o presidente Obama. No cardápio: omeletes, sanduíches, saladas e deliciosas entradinhas. Supercool.

DESIGN DISTRICT + WYNWOOD
COMPRAS

4141 BUILDING
4141 NE 2nd Avenue
Design District
(305-572-2900)
www.4141design.com

Prédio que concentra algumas das mais importantes grifes de móveis e objetos de design do mundo, como Vitra, Driade, Moroso e Alessi. Perfeito para quem está decorando a casa e quer novidades. Aproveite para fazer um happy hour no restaurante Fratelli Lyon, que também fica ali.

BOBBY BERK HOME
53 NE 40th Street
Design District
(305-603-7495)
@bobbyberk
www.bobbyberkhome.com

Bobby Berk mudou-se do interior dos Estados Unidos para Nova York em 2003 com apenas US$ 800 no bolso. Trabalhou em várias lojas de móveis e decoração e hoje é um dos mais consagrados decoradores norte-americanos. A loja aqui no Design District é cheia de coisas legais e tenho certeza que você vai gostar bastante.

CHRISTIAN LOUBOUTIN
155 NE 40th Street
Design District
(305-576-6820)
@LouboutinWorld
www.christianlouboutin.com

Não são só os famosos sapatos de saltos altíssimos que atraem os visitantes para a loja da grife no Design District. A arquitetura do prédio, que tem uma espécie de jardim suspenso na fachada, também chama a atenção. E viva o salto agulha e a sola vermelha!

DOG BAR
3301 NE 1st Avenue
Wynwood
(786-837-0904)
@THEDOGBAR
www.dogbar.com

Quem tem bichos de estimação sabe a saudade que dá deles quando estamos viajando. Então, por que não levar uma lembrancinha para seu cão ou gato? A Dog Bar tem tudo para seu animalzinho fazer parte do glamour de Miami, seja uma coleira fashion ou carrinhos para levá-lo passear. Tem esta loja em Wynwood e outra em South Beach.

DUNCAN QUINN
4040 NE 2nd Avenue
Design District
(305-671-3820)
@duncan_quinn
www.duncanquinn.com

Grife londrina de luxo irreverente. Moda masculina elegante que conquistou homens de estilo como o produtor musical Sean Combs (mais conhecido como Diddy), Adrian Grenier (o Nate de "O Diabo veste Prada") e o jogador de basquete LeBron James. Destaque para as gravatas feitas de seda com desenhos bordados, que lembram tatuagens como caveiras, rosas e espadas.

I ON THE DISTRICT
120 NE 40th Street
Design District
(305-573-9400)
www.ionthedistrict.com

Multimarcas supercompleta de óculos. Há desde as marcas mais consagradas, como Ray-Ban e Bottega Veneta, até as com design mais diferente, como Starck e Thierry Lasry.

KARTELL
155 NE 40th Street
Design District
(305-573-4010)
@kartellpeople
www.kartell.com

Tradicional marca italiana de móveis de plástico e acrílico. As peças são criativas e têm um estilo inconfundível. Parceira do designer Philippe Stark, a grife surpreende a cada coleção.

DESIGN DISTRICT + WYNWOOD
COMPRAS

LIGNE ROSET
160 NE 40th Street
Design District
(305-576-4662)
www.lignerosetmiami.com

Já aviso antes: pode ser que você queira reformar toda a sua casa depois de visitar esta loja. Os móveis são lindos e parecem compor o cenário de um filme onde todo mundo é bonito, feliz e saudável. Quase tudo o que há na loja está disponível para pronta entrega, o que facilita a vida de quem quer levar o sofá na bagagem.

MAISON MARTIN MARGIELA
3930 NE 2nd Avenue
Design District
(786-718-1931)
@MMM_Official
www.maisonmartinmargiela.com

A marca belga fundada por um estilista misterioso que nunca se deixa fotografar tornou-se uma das queridinhas do mundo fashion. Reconhecida por suas criações de vanguarda, está sempre em destaque nas revistas de moda mais importantes do mundo.

SHOPS AT MIDTOWN MIAMI
3401 North Miami Avenue
Wynwood
(305-573-3371)
www.shopmidtownmiami.com

Para quem gosta das grandes lojas de departamentos como Target, Marshalls e Loehmann's este shopping é a parada. Mas também tem várias outras lojas bem bacanas e o Lime, restaurante com ótima comida mexicana para um pit-stop.

TOMAS MAIER
170 NE 40th Street
Wynwood
(305-576-8383)
@tomasmaier
www.tomasmaier.com

Moda praia muito sofisticada desenhada pelo diretor criativo da grife italiana Bottega Veneta. Bonitas, confortáveis e exclusivas, as peças desfilam nos corpos mais bonitos das praias mais elegantes do planeta.

DESIGN DISTRICT + WYNWOOD
ARTE

Se você tiver a sorte de estar em Miami no segundo sábado de qualquer mês, não deixe de visitar a região à noite, entre 19h e 23h, quando todas as galerias ficam abertas, inclusive a **Britto Pop Shop**, em um evento chamado **Wynwood Art Walk**.
www.wynwoodartwalk.com

DE LA CRUZ CONTEMPORARY ART SPACE
23 NE 41st Street
Design District
(305-576-6112)
www.delacruzcollection.com

Uma coleção particular aberta ao público que reúne obras de arte contemporânea. Além do acervo, há sempre exposições temporárias interessantes.

GARY NADER FINE ART
62 NE 27th Street
Wynwood
(305-576-0256)
www.garynader.com

Esta enorme galeria guarda preciosidades da arte latino-americana moderna e contemporânea. No seu acervo há obras de Fernando Botero, Damien Hirst e Picasso.

RUBELL FAMILY COLLECTION
95 NW 29th Street
Wynwood
(305-573-6090)
www.rfc.museum

O museu exibe a extensa coleção particular do casal Don e Mera Rubell. Casados em 1964, em Nova York, foi nessa época que começaram a montar seu acervo que, entre outros nomes célebres, conta com Jean-Michel Basquiat, Vik Muniz, Takashi Murakami e Andy Warhol. Hoje a instituição ocupa um antigo prédio do governo de 45 mil metros quadrados que foi aberto ao público em 1993.

DESIGN DISTRICT + WYNWOOD
ARTE

WYNWOOD WALLS
167 NW 25th Street
Wynwood
(305-695-1600)
www.thewynwoodwalls.com

Tony Goldman ficou conhecido por transformar o Soho nova-iorquino em um dos epicentros da arte e cultura no mundo. Foi dele também a iniciativa de revitalizar o bairro de Wynwood. Em 2009, Goldman teve a ideia de usar muros e paredes de prédios cinzentos e abandonados em uma enorme obra de arte urbana. Para isso, convidou artistas renomados como os brasileiros Os Gêmeos e Nunca, os americanos Clare Rojas e Kenny Scharf, o grego Stelius Faitakis, o japonês Aiko, entre outros. O projeto se expandiu e hoje existe também o Wynwood Doors e o Outside The Walls, com gente do mundo todo mostrando seu talento. O complexo também conta com o restaurante Wynwood Kitchen and Bar. Vale a pena visitar durante a noite. Além da iluminação especial, os DJs, as bandas tocando ao vivo e toda a agitação do espaço dão um charme ainda mais especial.

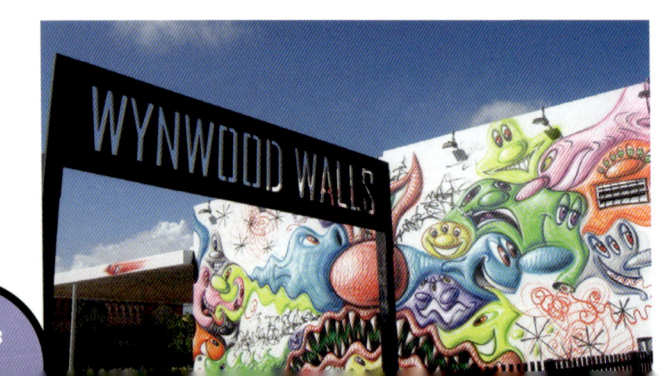

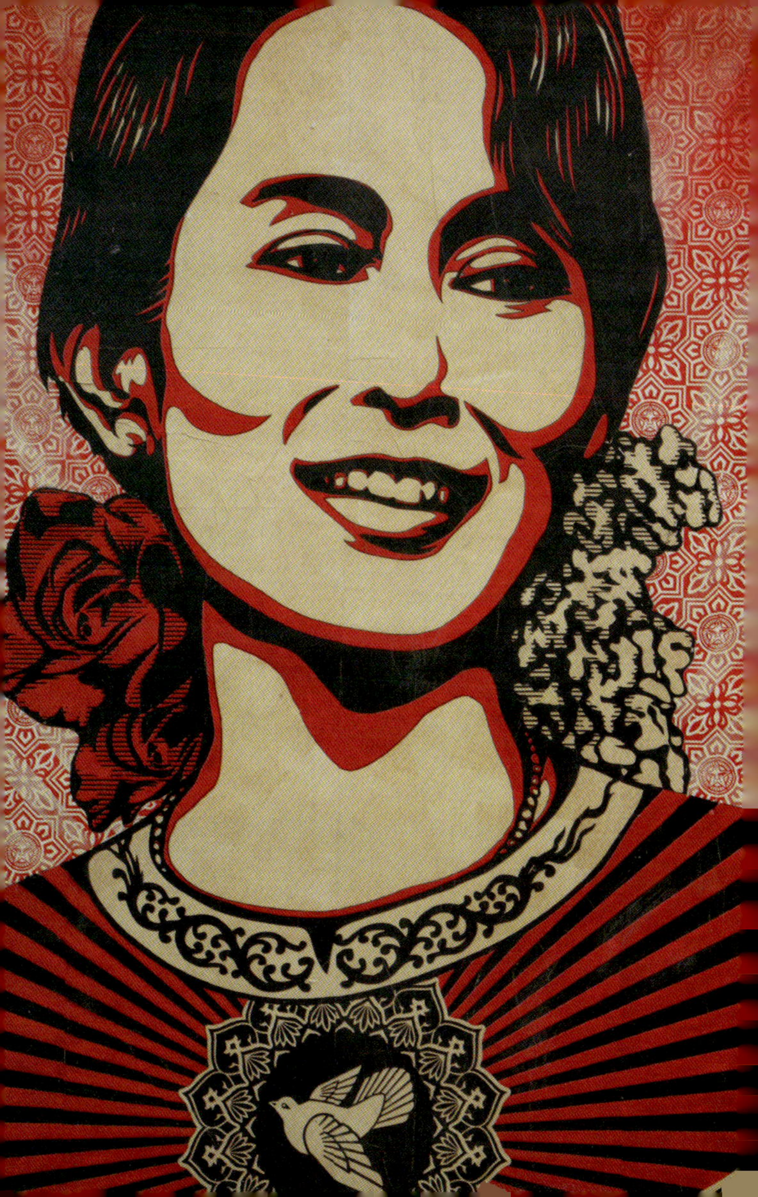

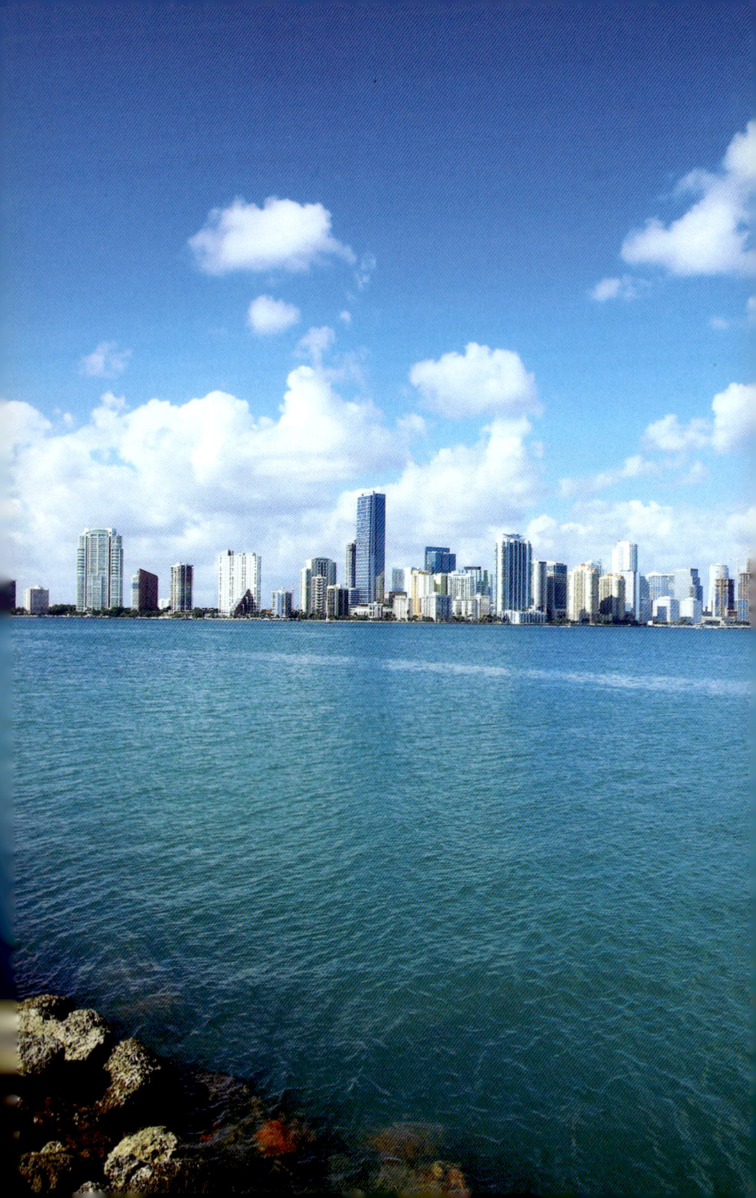

Há cerca de cinco anos, a região de Downtown, com seus edifícios modernos, grandes avenidas e executivos engravatados, passava longe dos roteiros mais indicados para um turista. Mas muita coisa vem mudando por ali. Desde que grandes cadeias hoteleiras fincaram suas bandeiras no centro financeiro da cidade, excelentes restaurantes e condomínios de luxo também se instalaram por ali. Ainda não chega a ser o melhor lugar para curtir as férias, mas para quem está de passagem pela cidade a negócios ou apenas para embarcar em um cruzeiro pode ser uma ótima opção. A paisagem dos edifícios de Downtown, que parecem brotar do rio, é extraordinária. À noite, a iluminação transforma o skyline.

Praticamente anexado a Downtown fica o famoso bairro de Little Havana. Depois de muitos anos de decadência, a região vem atraindo mais interesse da população local e dos turistas, se tornando um destino cult. As charutarias, as lojas de música cubana e os restaurantes típicos espalham-se pela Calle Ocho e arredores. Por ali, muitos comerciantes fizeram de seus estabelecimentos réplicas idênticas dos originais deixados nos bairros de Vedado e Miramar, em Havana.

BRICKELL + DOWNTOWN + LITTLE HAVANA
HOTÉIS

CONRAD MIAMI
1395 Brickell Avenue
Brickell
(305-503-6500)
www.conradhotels.com

Em pleno agito de Brickell e pertinho do centro financeiro de Miami, o Conrad é um desses hotéis de rede que oferecem um ótimo custo-benefício (além de estar em um edifício de vidro lindo). Com ótimas vistas de Downtown e da Baía de Biscayne, tem serviço de qualidade, spa, piscina, um bar no 25º andar. Ótimo para quem vai a Miami a trabalho, mas não abre mão do conforto.

EPIC
270 Biscayne Boulevard Way
Brickell
(305-424-5226)
@KimptonInFl
www.epichotel.com

O Epic está estrategicamente localizado entre os arranha-céus de Downtown e as águas da Baía de Biscayne. Isso resulta em algumas vistas impressionantes, principalmente da piscina, que fica na cobertura. Tem apartamentos confortáveis e uma atmosfera sofisticada e moderna. O famoso restaurante londrino Zuma fica no hotel e, para quem se interessar, o hotel aceita animais de estimação.

MANDARIN ORIENTAL
500 Brickell Key Drive
Brickell Key
(305-913-8288)
@MO_MIAMI
www.mandarinoriental.com/miami

Fica em Brickell Key, uma pequena ilha ao lado de Downtown. A maioria dos quartos tem vista para a baía e a piscina é tão perto da água que em algumas épocas do ano é possível enxergar golfinhos. A praia da frente é privativa para os hóspedes e oferece uma pista para exercícios incrível. Tem também bons restaurantes. Para o café da manhã sugiro o Samba. Pegue uma mesa ao ar livre e aproveite Miami desde cedo. O único senão é que o hotel cobra US$ 15 por dia para usar a internet.

VICEROY
485 Brickell Avenue
Brickell
(305-503-4400)
@viceroymiami
www.viceroyhotelsandresorts.com

Para quem é ligado em design, o Viceroy é um delírio e a entrada no lobby já é um show. O hotel é lindo e diferente de tudo. O spa é inteiro de mármore branco com paredes de vidro e tem um lustre gigante amarelo em cima da piscina. Os quartos são espaçosos e os banheiros, também. A área das piscinas é imensa e cheia de prédios em volta, o que dá uma sensação pra lá de urbana. No quinquagésimo andar fica o Club 50, um lounge delicioso com piscina ao ar livre e uma vista espetacular.

BRICKELL + DOWNTOWN + LITTLE HAVANA
RESTAURANTES

BALANS $$
901 South Miami Avenue
Mary Brickell Village
(305-534-9191)
@BalansMiami
www.balans.co.uk

Direto de Londres, este bistrô, presente em três endereços de Miami, é uma opção interessante em Brickell, já que oferece um cardápio bem variado, do brunch ao happy hour e jantar. Na sexta e no sábado, fica aberto até as 3 horas da manhã e é animado com DJs e suas pickups.

BURGER & BEER JOINT $$
900 South Miami Avenue
Mary Brickell Village
(305-523-2244)
@BurguerBeerJoint
www.bnbjoint.com

Já pensou em comer um hambúrguer com lagosta? Ou com trufas e foie gras? Ficou com água na boca? Então você precisa comer um dos gourmet burgers do BnB. Criativo cardápio que mistura nomes de músicas famosas com receitas, ou seja, é sanduíche com rock and roll.

CEVICHE 105 $$
105 NE 3rd Avenue
Downtown
(305-577-3454)
@CEVICHE105
www.ceviche105.com

A gastronomia peruana está na moda e uma dica bacana em Downtown é o Ceviche 105. Os ceviches são frescos, os tiraditos dão água na boca e os pratos principais, também. Os dois chefs (um deles peruano, por supuesto) são mestres e conquistaram a cidade. Já saíram na TV e ganharam o título de melhor peruano daqui.

CRAZY ABOUT YOU $$$
1155 Brickell Bay Drive
Brickell
(305-377-4422)
@crazyrestaurant
www.crazyaboutyourestaurant.com

O cardápio variado e delicioso, os ótimos preços, o ambiente animado e o serviço impecável seriam todos motivos únicos para você comer no Crazy About You. Mas o melhor de tudo é que ele fica "quase" dentro da água, com algumas das vistas mais incríveis de Brickell. É um pouquinho difícil de achar, mas vale a pena.

DB BISTRO MODERNE $$
255 Biscayne Boulevard
Downtown
(305-421-8800)
www.danielnyc.com

Culinária francesa impecável do famoso chef francês Daniel Boulud, que há anos encanta os gourmands nova-iorquinos. Fica no hotel JW Marriott Marquis e tem um dos cardápios mais elaborados de Miami. Bom é que grande parte dos vinhos na carta estão abaixo dos US$ 100.

GARCIA'S $$
398 NW North River Drive
Downtown
(305-375-0765)
www.garciasseafoodgrill.com

Na beira do Rio Miami, o Garcia's serve frutos do mar fresquíssimos desde 1966, sendo uma das experiências gastronômicas mais autênticas da cidade. Há quem diga que os Stone Crabs deles são melhores que os do Joe's, em South Beach. Sugiro experimentar os dois e tirar suas próprias conclusões.

GRAZIANO'S $$$
177 SW 7th Street
Brickell
(305-860-1426)
www.grazianosgroup.com

No dia em que você acordar com desejo de comer carne, vá direto para o Graziano's. Típica parrilla argentina, com cortes suculentos assados na brasa, acompanhados de polenta com parmesão gratinado, risoto de cogumelos ou batatas ao forno.

LA CARRETA $$
3632 SW 8th Street
Little Havana
(305-444-7501)
www.lacarreta.com

Bom, bonito e barato. A rede de restaurantes cubanos La Carreta é perfeita para quem quer experimentar a culinária da ilha com aquele gostinho de comida caseira: bifes com batatas fritas, feijão preto, arroz e saladas.

BRICKELL + DOWNTOWN + LITTLE HAVANA
RESTAURANTES

NAOE $$$$
661 Brickell Key Drive
Brickell Key
(305-947-6263)
www.naoemiami.com

Comida japonesa autêntica e criativa em um ambiente bem pequeno (apenas 17 lugares) e preço acessível. Deixe-se surpreender pela seleção de pratos do chef Kevin Cory e preste atenção no sabor especial do molho de soja feito na pequena cidade de Oono, no Japão, produzido desde 1615.

ROSA MEXICANO $$
900 South Miami Avenue
Mary Brickell Village
(786-425-1001)
www.rosamexicano.com

Adoro o guacamole deste restaurante. Aliás, adoro comida mexicana e este restaurante, em especial, por ser alegre e colorido. As tortilhas são feitas em casa, tanto nesta filial do Mary Brickell Village quanto na da Lincoln Road. O brunch é imperdível com Bloody Marys ótimos.

VERSAILLES $$
3555 SW 8th Street
Little Havana
(305-444-0240)
@VersaillesMiami
www.versaillesrestaurant.com

Uma verdadeira instituição local e um dos mais famosos restaurantes cubanos do planeta. Não há candidato à presidência dos Estados Unidos que não venha fazer média com os eleitores cubanos em época de eleições. Uma mistura kitsch de candelabros, espelhos e mesas de plástico dão um toque único ao ambiente.

ZUMA $$$$
270 Biscayne Boulevard Way
Brickell
(305-577-0277)
www.zumarestaurant.com

Londres, Dubai, Hong Kong e Istambul já provaram a sensacional cozinha do Zuma. Agora é a vez de Miami. O cardápio tem foco na comida izakaya de bares do Japão, onde são pedidas pequenas porções para acompanhar a bebida após o trabalho. Fica no hotel Epic.

BRICKELL + DOWNTOWN + LITTLE HAVANA
BARES E BALADAS

BARÚ URBANO
1001 South Miami Avenue
Brickell
(305-381-5901)
@BaruUrbano
www.facebook.com/baruurbano

Para não esquecermos que Miami é a capital não oficial da América Latina, o Barú Urbano atrai gente bonita de vários países das Américas com um happy hour animadíssimo. Drinques com sotaque espanhol e música caliente criam uma atmosfera de fiesta. Bom também para um drinque antes do jantar.

CLUB 50
485 Brickell Avenue
Brickell
(305-503-4400)
@viceroymiami
www.viceroyhotelsandresorts.com

No 50º andar do hotel Viceroy, com uma vista incrível da cidade, fica o Club 50. A piscina iluminada e os vários lounges para paquerar à vontade criam uma atmosfera 100% Miami. Mas tente colocar o nome na lista de convidados ou reservar uma mesa para ficar mais fácil de subir até lá. A programação é atualizada através da página deles no Facebook.

CLUB SPACE
34 NE 11th Street
Downtown
(305-375-0001)
@clubspacemiami
www.clubspace.com

Para quem gosta de pistas de dança enormes, embaladas por dance music, muita luz, laser e animação, a Space é uma boa recomendação. Há 12 anos trazendo grandes DJs do mundo todo para Miami, é ideal para ir com amigos e dançar até altas horas. Fica realmente animado depois das 5 da matina.

GRAND CENTRAL
697 North Miami Avenue
Downtown
(305-377-2277)
@GrandCentralMIA
www.grandcentralmiami.com

Para descolados conhecedores de bandas indie que tocam em bares do Lower East Side de Nova York ou em festas de Reykjavík, o Grand Central é o destino certo. O lugar é zero glamour, mas 100% hip.

BRICKELL + DOWNTOWN + LITTLE HAVANA
BARES E BALADAS

HOY COMO AYER
2212 SW 8th Street
Little Havana
(305-541-2631)
www.hoycomoayer.us

O ambiente é simples, mas a casa é considerada o melhor ponto de encontro de músicos latinos, que tocam desde o tradicional bolero à contemporânea timba. Boa pedida para quem quer aproveitar a Miami que fala espanhol.

M-BAR
500 Brickell Key Drive
Brickell Key
(305-913-8288)
www.mandarinoriental.com/miami/

Para quem gosta de martinis, o M-Bar, do hotel Mandarin Oriental, é o lugar ideal. São mais de 250 receitas do drinque com uma vista incrível da piscina iluminada e do skyline de Downtown.

SPAZIO NERO
1421 South Miami Avenue
Brickell
(786-363-8571)
@SpazioNero
www.spazionero.com

Balada sofisticada fora do eixo SoBe, com menos turistas e gente de fora da cidade. Se você gostar do clima do bar/restaurante Segafredo, no mesmo endereço, vai certamente curtir o que rola no Spazio Nero. Quintas, sextas e sábados depois das 22h é quando a coisa começa a pegar fogo por ali, mas cheque a programação no site, pois o pessoal adora fazer festas fechadas no local.

BRICKELL + DOWNTOWN + LITTLE HAVANA
COMPRAS

BAYSIDE MARKETPLACE
401 Biscayne Boulevard
Downtown
(305-577-3344)
@BaysideMktplace
www.baysidemarketplace.com

O Bayside é um shopping bem antigo e seu melhor atributo é a localização, ao lado do porto. Quem precisa fazer hora antes ou depois de um cruzeiro adora passear por ali. Mas não se encha de expectativas, pois a variedade de lojas é pequena e há poucas opções de restaurantes, sendo o mais famoso o Hard Rock Café.

ELECTRIC AVENUE
259 East Flagler Street
Downtown
(305-579-5998)
@ElectricAvenuez
www.electricavenue.net

Grande loja de eletrônicos bem no centro de Downtown. Computadores, câmeras, jogos eletrônicos, equipamento para DJs e vários outros gadgets com um atendimento profissional.

HISTORY MIAMI SHOP
101 West Flagler Street
Downtown
(305-375-1492)
@HistoryMiami
www.historymiami.org

Esta lojinha faz parte do museu que conta toda a história de Miami e é interessante para quem tem curiosidade em saber como uma região pantanosa e praticamente desolada se tornou uma metrópole internacional.

LITTLE HAVANA CIGAR FACTORY
1501 SW 8th Street
Little Havana
(305-541-1035)
www.littlehavanacigarfactory.com

Um dos produtos mais típicos de Cuba na rua mais cubana de Miami. Apesar do embargo a produtos cubanos, há muitas pequenas fábricas de charutos na Flórida e no Caribe. Nesta loja, você encontrará ótimas marcas em um ambiente perfeito para degustação dos puros.

BRICKELL + DOWNTOWN + LITTLE HAVANA
COMPRAS

MARSHALLS
255 East Flagler Street
Downtown
(305-358-3844)
@marshalls
www.marshallsonline.com

Loja de departamentos especializada em descontos, ideal para comprar roupas básicas, tênis e artigos para a casa. É preciso desbravar as araras para encontrar achados imperdíveis, mas no geral dá para se divertir.

MORAYS JEWELERS
50 NE 2nd Avenue
Downtown
(305-374-0739)
www.moraysjewelers.com

Miami é um importante centro de vendas e distribuição de relógios, joias e pedras preciosas. Uma pequena área de Downtown é chamada de Jewelry District e o Seybold Building é o prédio onde elas se concentram. A Morays é uma das joalherias mais antigas da região. Eles são especialistas em diamantes e fazem peças customizadas.

SHOPS AT MARY BRICKELL VILLAGE
901 South Miami Avenue
Brickell
(305-381-6130)
www.marybrickellvillage.com

Com ótimas opções de bares e restaurantes, além de um supermercado Publix e uma academia L.A. Fitness, este centro comercial tem como público principal o pessoal que mora nos condomínios da redondeza e quem trabalha no Financial Center.

THE CHILDRENS PLACE
118 East Flagler Street
Downtown
(305-416-6130)
www.childrensplace.com

Mães, tias, madrinhas e avós precisam parar nesta loja para encher as malas com roupas infantis. De recém-nascidos aos 14 anos, há uma variedade enorme a preços hipercompetitivos.

BRICKELL + DOWNTOWN + LITTLE HAVANA
ARTE

ADRIENNE ARSHT CENTER
1300 Biscayne Boulevard
Downtown
(305-949-6722)
@ArshtCenter
www.arshtcenter.org

Musicais da Broadway, shows de jazz, balés, óperas, rock and roll. O Adrienne Arsht Center traz para Miami o melhor da cena cultural dos Estados Unidos e do mundo. Tem um calendário intenso de apresentações, por isso nunca deixe de dar uma olhada no site para ver o que está em cartaz durante a sua viagem.

MIAMI ART MUSEUM
101 West Flagler Street
Downtown
(305-375-3000)
@MiamiArtMuseum
www.miamiartmuseum.org

Se Nova York tem um MoMA, por que Miami não pode ter um museu do gênero? Esse é o papel do MAM, que tem uma coleção primorosa, que inclui vários artistas latino-americanos. O museu é muito importante para a cidade e está ganhando uma reforma inacreditável, com projeto do duo suíço Herzog & De Meuron, que vai aumentar a área de exposições e criar um espaço fluído e supermoderno.

VIERNES CULTURALES EM LITTLE HAVANA
www.viernesculturales.org

Na última sexta-feira de cada mês, das 19 às 23 horas, uma parte da Calle Ocho se transforma em festa, com várias galerias de arte abertas ao público e um clima animado na rua. Não perca!

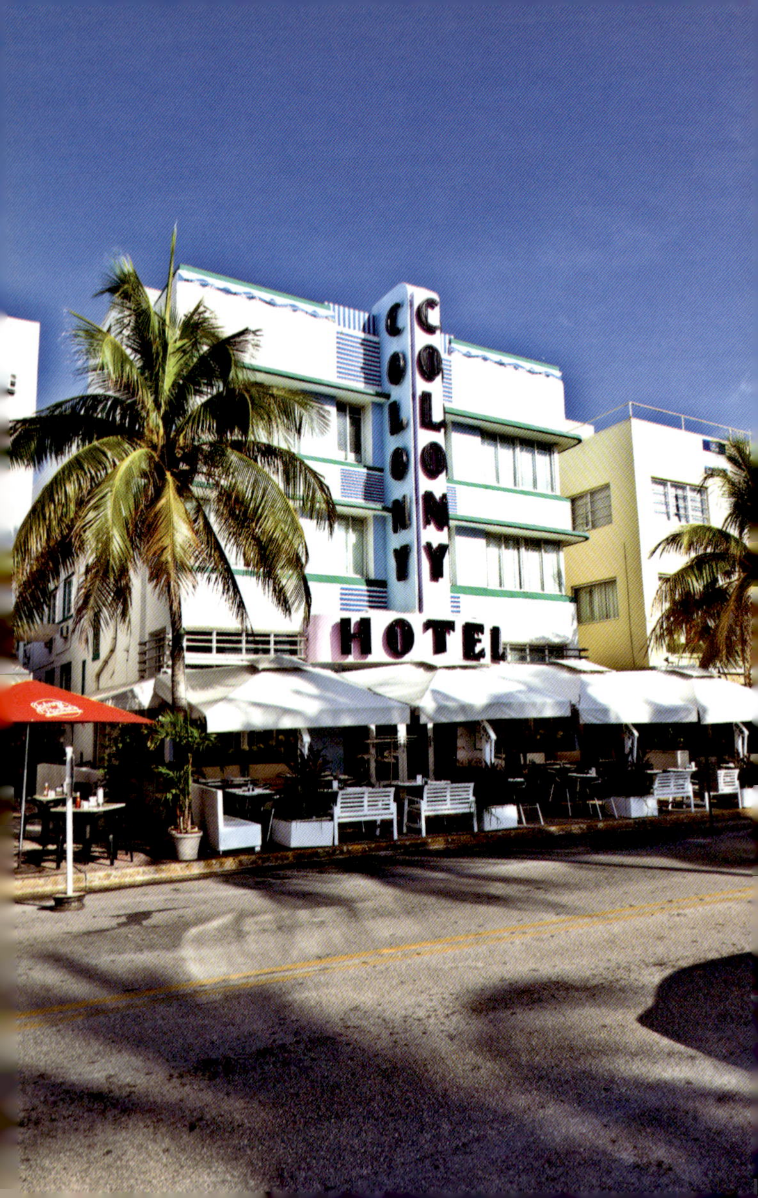
COLONY
COLONY
HOTEL

MIAMI BEACH

A Miami vibrante e colorida que se vê nos cartões-postais está aqui. Praias de areia branca e mar azul caribenho, limusines, restaurantes estrelados, lojas de grife, gente bonita, loiras patinadoras, rapazes musculosos, senhoras adornadas de dourado, muita hadalação e todos os clichês que tornam Miami deliciosamente divertida. O lado sul, chamado SoBe (apelido carinhoso de South Beach), é uma parte minúscula da região, mas responsável por quase toda a sua fama. Durante o dia, o agito se concentra na famosa Ocean Drive. À noite, hotéis badalados como o Fontainebleau e o W South Beach atraem moradores e turistas. A maioria dos hotéis-butique da cidade está aqui. Lugares onde você pode começar com um almoço na beira da piscina, emendar com o happy hour e curtir a balada até o sol nascer.

Lembre-se de que a cidade é um grande balneário onde se pode andar tranquilamente de Havaianas ao lado de mulheres montadas com suas melhores roupas e gente que aproveita a beira da praia para correr ou pedalar. Se a sua ideia é imergir no mundo das celebridades ou apenas observar de longe a agitação que caracteriza Miami, este é o seu lugar. Miami Beach reserva surpresas para todos. Se a intenção é apenas descansar, as praias oferecem excelente estrutura. Todos encontram seu "canto" em Miami Beach.

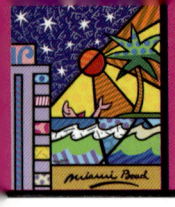

MIAMI BEACH
HOTÉIS

DAYS INN OCEANSIDE
4299 Collins Avenue
(305-673-1513)
www.daysinn.com

Em meio a tantos hotelões de frente para a praia, o Days Inn oferece diárias bem mais "leves" do que os colegas das redondezas. O ideal é não ter grandes expectativas, já que não há grandes luxos e uma reforma não faria nada mal ao lugar. Bom para quem não abre mão de ficar no meio do bochicho, mas busca algo mais acessível.

DELANO
1685 Collins Avenue
(305-672-2000)
@DelanoSoBe
www.delano-hotel.com

Um ícone de Miami Beach, o Delano é um dos hotéis mais tradicionais da cidade, mas nem por isso ficou ultrapassado. De tempos em tempos, é totalmente reformado sem perder seu poder de surpreender. A piscina é agitadíssima, mas oferece também uma área mais calma para quem quer relaxar. Os quartos são brancos com o contraste azul do mar nas janelas. Sempre tem gente animada no bar, nos restaurantes e nos lounges.

FISHER ISLAND CLUB & RESORT
Fisher Island Drive
(305-535-6000)
www.fisherislandclub.com

Superexclusivo, com campo de golfe, marina e quadras de tênis. Localizado em uma ilha residencial com belíssimas casas, o acesso só é possível de barco ou ferry. Nada de pontes. As vistas da baía e do skyline são incríveis. Há piscinas, praia particular, salão de beleza e um spa com tratamentos muito especiais. Você pode escolher vários tipos de acomodação: quartos, vilas ou casas completas com até três quartos. Tudo é muito bem decorado, sem ostentação e com muito bom gosto.

FONTAINEBLEAU
4441 Collins Avenue
(800-548-8886)
@Fontainebleau
www.fontainebleau.com

Um dos meus lugares preferidos da cidade, que é muito mais do que um hotel. Com bares, restaurantes, boates, spas e lojas, pode ser descrito como um centro de entretenimento e diversão. Mesmo quem não se hospeda nele tem que passar por lá, nem que seja simplesmente para observar o movimento do animadíssimo lobby. Faz parte da história de Miami.

HOLIDAY INN OCEANFRONT
4333 Collins Avenue
(305-532-3311)
www.holidayinn.com

Assim como o Days Inn, o Holiday Inn é daqueles hotéis que não têm erro se o que você mais valoriza é a localização. O serviço é padrão, as camas são boas, os banheiros são limpos e o preço, amigável. And that is it, my friend. E o melhor? Dá para ir a pé até o animadíssimo Fontainebleau em cinco minutos.

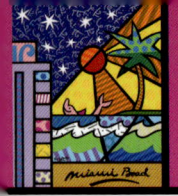

MIAMI BEACH
HOTÉIS

MONDRIAN
1100 West Avenue
(305-514-1500)
@MondrianSoBe
www.mondrian-miami.com

Parada obrigatória dos descolados e baladeiros, o Mondrian tem uma das piscinas mais animadas de South Beach. A decoração minimalista é cheia de detalhes interessantes, como uma "vending machine" de artigos de luxo e brinquedinhos eróticos. Apesar de não ter praia – já que está voltado para a baía de Biscayne –, o hotel tem uma marina que aluga barcos e jet skis. O pôr do sol na piscina com vista para o skyline de Downtown é imperdível. Mesmo quem não se hospeda ali pode pagar para usar a piscina e comer no delicioso Asia de Cuba. O guacamole servido no bar é ótimo.

SOHO BEACH HOUSE
4385 Collins Avenue
(786-507-7900)
@sohohouse
www.sohobeachhouse.com

Baseado no conceito de privacidade e discrição dos "member's club" londrinos, o Soho Beach House é para quem gosta de luxo sem ostentação. O bar, a piscina, o spa e a sala de cinema só podem ser acessados por sócios e hóspedes. Festas animadíssimas sempre acontecem por ali, regadas a drinques preparados pelos melhores barmen do mundo. Quem quiser "experimentar" um pouco de tudo isso deve reservar uma mesa no restaurante Cecconi's, que fica logo na entrada do hotel e é o único lugar onde não hóspedes têm acesso. O serviço é impecável e a comida é inesquecível.

THE BETSY
1440 Ocean Drive
(305-531-6100)
@TheBetsyHotel
www.thebetsyhotel.com

Na ponta norte da Ocean Drive fica o clássico The Betsy, em um prédio de arquitetura clássica, que se diferencia do resto das construções Art Déco de toda a rua. Com um ar mais imponente, tem um lobby estiloso, muito bem decorado e que mantém algumas peças originais de época. Tem também um restaurante na sacada externa com serviço excelente. Gosto da vista do Betsy e da tranquilidade – diferente dos outros hotéis da Ocean Drive. A sacada externa é mais privativa e não vive cheia de turistas. Os quartos são ótimos, embora pequenos e os preços... Bem, os preços são compatíveis com tudo isso, adicionando ainda o plus de estar no coração da cidade.

TOWNHOUSE HOTEL
150 20th Street
(305-534-3800)
@TownhouseMiami
www.townhousehotel.com

No meio da badalação de South Beach, colado ao Setai e bem pertinho do Shore Club e do W, o Townhouse está mais para a casa de amigos do que para um hotel propriamente dito. Concebido para ser um hotel-butique divertido, descontraído e cool, ele consegue ser tudo isso sem aqueles ares minimalistas de hotéis de design. Difícil não gostar do clima da piscina, do sushi bar e da gente bonita que se hospeda por ali.

MIAMI BEACH
HOTÉIS

THE PALMS
3025 Collins Avenue
(305-534-0505)
@PalmsHotelSpa
www.thepalmshotel.com

Localizado entre o bochicho de SoBe e a região do Fontainebleau, de frente para a praia e com uma piscina deliciosa, o The Palms é confortável e agradável. A atmosfera do lugar remete um pouco ao Sudeste Asiático, talvez por causa dos ventiladores de bambu. Os quartos têm tamanho moderado, com banheiros um pouco pequenos, mas a cama é maravilhosa, talvez uma das melhores de Miami. O spa da marca Aveda oferece massagens especiais nas cabanas da praia.

THE SETAI
2001 Collins Avenue
(305-520-6000)
www.setai.com

Um dos edifícios mais altos de SoBe é o Setai. Apesar de estar no meio do agito, o hotel é mais reservado, sem toda a badalação dos colegas ao redor. Com um toque intimista e asiático na decoração e suítes com vistas do oceano de tirar o fôlego, é o lugar ideal para quem quer curtir a praia, a piscina ou o spa sem se preocupar com as hordas de baladeiros e veranistas circulando por todos os lados. Sem sombra de dúvida, um dos melhores hotéis de SoBe.

THE TIDES
1120 Ocean Drive
(305-604-7050)
@KingGroveTides
www.tidessouthbeach.com

O edifício onde fica o The Tides é um dos ícones do Art Déco de Miami. Construído em 1936, foi inteiramente revitalizado e tem algumas das suítes mais espaçosas da Ocean Drive. As áreas comuns parecem a sala de visitas do apartamento de um amigo, com sofás, mesinhas, livros e cantinhos onde dá para passar horas observando o mundo ao redor. O restaurante é excelente e ocupa toda a área de entrada do hotel e da calçada. Gosto de levar ali amigos que vêm visitar Miami.

W SOUTH BEACH
2201 Collins Avenue
(305-938-3000)
@WSOBE
www.wsouthbeach.com

Como o próprio site do hotel diz, o W South Beach é um "playground of the cool". Tudo foi feito para impressionar, a começar pelas obras de Damien Hirst e Andy Warhol espalhadas pelo lobby. Os enormes sofás do bar, chamado de Living Room, são perfeitos para quem gosta de ver o mundo desfilar na sua frente. Dois ótimos restaurantes, o Mr Chow e o The Dutch, atraem grupos de amigos animados. Se você está a fim de tranquilidade, pode ficar um pouco irritado com a constante badalação.

MIAMI BEACH
RESTAURANTES

8OZ BURGER BAR $$
1080 Alton Road
(305-397-8246)
@8ozBurgerBarMB
www.8ozburgerbar.com

No país do hambúrguer, a competição para fazer o mais suculento e saboroso é grande. Mas os caras do 8oz chegam bem perto do que seria um hambúrguer perfeito que até a Oprah Winfrey elogiou. Fica aberto até bem tarde.

ALTAMARE $$$
1233 Lincoln Road
(305-532-3061)
www.altamarerestaurant.com

Os frutos do mar mais frescos e saborosos de Miami são preparados pelo chef Simon Stojanovic neste restaurante que fica pertinho de tudo, ali no final do movimento da Lincoln Road. Ideal para sentar-se depois de uma rodada de compras ou antes de sair para uma noitada animada.

CARDOZO BAR & GRILL $$
1300 Ocean Drive
(305-695-2822)
www.cardozohotel.com

O Cardozo é um dos veteranos da Ocean Drive e um dos lugares que ajudou a transformar a região nos anos 1990. Com mesas na calçada e na sacada, é um dos lugares favoritos para fazer happy hour e me divertir observando o movimento da rua.

CECCONI'S $$$
4385 Collins Avenue
(786-507-7902)
@SohoHouse
www.cecconismiamibeach.com

Se você quiser comer muito bem e se misturar com gente sofisticada e cool, o Cecconi's é o lugar. Fica logo na entrada do pequeno hotel Soho House, endereço dos descolados que vêm para cá. Dá vontade de pedir tudo o que tem no cardápio, mas a pizza de queijo de cabra com azeite aromatizado com trufas é inesquecível. Reserve uma mesa na área externa.

DA LEO TRATTORIA $$
819 Lincoln Road
(305-674-0350)
www.daleotrattoria.com

O Da Leo fica pertinho da Britto Central e é uma pequena trattoria típica da Toscana, que está na Lincoln Road há mais de 14 anos. São eles que fazem o catering de vários eventos da galeria e vez ou outra gosto de me sentar às mesas da calçada e pedir uma massa caseira sem igual em Miami.

DORAKU $$$
1104 Lincoln Road
(305-695-8383)
www.dorakusushi.com

No coração da Lincoln, este é o melhor japa da área e está sempre cheio, pois, além de boa comida, os preços são amigáveis. Não espere um ambiente zen, afinal, estamos no meio do agito de Miami. Por isso, vá preparado para os embalos do DJ, acompanhados de sushi e sashimi. Só não exagere no saquê. Vai abrir mais um na região de Brickell.

GHIRARDELLI $
801 Lincoln Road
(305-532-2538)
www.ghirardelli.com

Esta marca de chocolates é uma das mais tradicionais dos Estados Unidos. Difícil resistir aos enormes sorvetes e sundaes com calda de chocolate fresquinha. Até o café expresso dali é tudo de bom! Pena que engordam!

HAKKASAN $$$
4441 Collins Avenue
(786-276-1388)
www.hakkasan.com

O Hakkasan está para a comida chinesa assim como o Nobu para a japonesa. É um restaurante onde o cardápio, a decoração, a música e o serviço transformam um simples jantar em uma experiência sensorial. Fica "escondido" no imenso hotel Fontainebleau.

MIAMI BEACH
RESTAURANTES

HAVEN $$$
1237 Lincoln Road
(305-987-8885)
@HavenSouthBeach
www.havenlounge.com

Este é para quem gosta de restaurante-balada, estilo lounge. A decoração é futurista e o cardápio foca em pratos pequenos (como os tapas espanhóis). Os drinques são ótimos também. Ideal para ir com amigos e se divertir até altas horas.

JOE'S STONE CRAB $$$
11 Washington Avenue
(305-673-0365)
www.joesstonecrab.com

Adoro o Joe's, que é quase uma instituição da cidade. Não aceita reservas e às vezes a espera é longa. Mas vale a pena, pois as garras de Stone Crab com manteiga derretida são deliciosas. As lagostas também são sublimes.

LA LOCANDA $$
413 Washington Avenue
(305-538-6277)
www.lalocandasobe.com

Este restaurante atrai muito mais gente que mora nas redondezas do que turistas, o que é um bom sinal. Suas pizzas no forno a lenha e massas autênticas agradam a quem já está cansado de tanta fusion ou fast food.

LA MAREA $$$
1220 Ocean Drive
(305-604-5070)
www.tidessouthbeach.com

Uma opção elegante para quem quer comer bem na Ocean Drive, mas não gosta do barulho e do movimento dos restaurantes localizados na calçada. A decoração é sóbria e elegante e o atendimento, impecável. É uma ótima sugestão para um jantar romântico.

MEAT MARKET $$$
915 Lincoln Road
(305-532-0088)
@ MeatMarketMiami
www.meatmarketmiami.com

O Meat Market é uma versão turbinada da tradicional steakhouse americana. Aqui, além dos suculentos filés, é servido também um maravilhoso tartare de atum que peço sempre. O ambiente é animado e cheio de gente bonita, que vem também para curtir drinques no bar. Abre todos os dias para o jantar.

MR CHOW $$$$
2201 Collins Avenue
(305-695-1695)
www.mrchow.com

Um dos restaurantes mais badalados da Collins, o Mr Chow fica no hotel W South Beach e sempre tem bastante movimento. E não é para menos, os pratos chineses são muito bem preparados. Dizem que o Beijing Duck deles é melhor que muitos na China. Ótimo lugar para ver e ser visto.

NEWS CAFÉ $$
800 Ocean Drive
(305-538-6397)
www.newscafe.com

Aberto 24 horas por dia, é um dos lugares mais icônicos de SoBe. Ideal para encontrar os amigos, comer algo antes ou depois da balada, fazer um brunch, um happy hour ou simplesmente pedir um cappuccino e ver o mundo desfilar pela calçada. Adoro o omelete de claras de ovo com frango e gosto de misturar com o bem temperado hummous.

NEXXT CAFÉ $$
700 Lincoln Road
(305-532-6643)
www.nexxtcafe.com

O Nexxt é ideal para quem está com fome, mas não sabe muito bem o que comer. Ou para famílias em que cada um gosta de uma coisa diferente. Isso porque o cardápio deles tem de tudo um pouco e as porções são no estilo americano: gigantes.

MIAMI BEACH
RESTAURANTES

NOBU $$$$
1901 Collins Avenue
(305-695-3232)
www.noburestaurants.com

Nobu virou sinônimo de culinária nipo-peruana sofisticada (e cara). Sem sombra de dúvida, um lugar para degustar pratos maravilhosos, que ficarão na memória durante anos. Fica no hotel Shore Club e é bom reservar com certa antecedência.

PAUL $
450 Lincoln Road
(305-531-1200)
www.paul-usa.com

As baguetes fresquinhas, os pães com cereais, os croissants e pain au chocolat do Paul são imbatíveis para quem prefere um café da manhã de estilo europeu, em vez dos ovos com bacon e batatas da versão americana. Faça o seu pedido no caixa e sente-se em uma das mesas na calçada para esperar sua bandeja de delícias.

QUATTRO GASTRONOMIA ITALIANA $$$
1014 Lincoln Road
(305-531-4833)
www.quattromiami.com

Mais sofisticado que o Da Leo e com inspiração no norte da Itália, é uma ilha italiana no meio da Lincoln Road. A burrata fresca é de comer chorando, de tão boa! Os raviólis feitos em casa com óleo de trufas brancas também são algo de outro mundo.

SHAKE SHACK $
1111 Lincoln Road
(305-434-7787)
www.shakeshack.com

Durante anos, quem quisesse experimentar o famoso hambúrguer do Shake Shack deveria ir até Nova York e fazer fila no Madison Square Park. Agora a coisa ficou mais fácil, com vários restaurantes dele espalhados pelo mundo. Mais para fast food do que restaurante.

THE DUTCH $$$
2201 Collins Avenue
(305-938-3111)
www.thedutchmiami.com

Novíssimo restaurante dentro do hotel W South Beach, o que o torna ideal para um café da manhã mais reforçado antes da praia, drinques no fim da tarde ou um jantar descontraído. A comida é despretensiosa, mas bem preparada e cheia de novidades interessantes, como minissanduíches de ostras.

THE FORGE $$$
432 West 41st Street
(305-538-8533)
@ForgeRestaurant
www.theforge.com

Tem uma das melhores cartas de vinho de Miami Beach. Não se esqueça de pedir uma das deliciosas sobremesas do cardápio. A minha preferida é o The Forge Souffle sabor chocolate. E vá sem pressa porque ele leva cerca de 30 minutos para ser feito, mas vale a pena esperar.

THE VILLA BY BARTON G $$$$
1116 Ocean Drive
(305-576-8003)
www.thevillabybartong.com

A mansão onde viveu Versace foi transformada em um hotel de luxo e dentro dele há um restaurante muito elegante do mesmo pessoal do Barton G. Tudo é um pouco over (inclusive overpriced), mas é o preço que se paga por carregar a herança de um ícone como Versace.

VAN DYKE CAFÉ $$
846 Lincoln Road
(305-534-3600)
@VanDykeCafe
www.thevandykecafe.com

Ponto de encontro que existe há quase 20 anos. Adoro o lugar, pois o clima sempre é animado e fica aberto de manhã até as 2 da madrugada. Gosto de me sentar para observar o desfile de personagens na Lincoln e fico feliz quando vejo alguém carregando uma sacolinha da Britto Central.

MIAMI BEACH
BARES E BALADAS

SEGUNDA-FEIRA
Jantar com pre-party no STK e, depois da meia-noite, balada no Mokaï.

STK
2377 Collins Avenue
(305-604-6988)
@STKMIAMI
www.togrp.com/stkmiami

MOKAÏ
235 23rd Street
(305-673-1409)
www.mokaimiami.com

TERÇA-FEIRA
Drinques no Florida Room ou Sushi Samba e depois cair na pista da Wall.

FLORIDA ROOM NO DELANO
1685 Collins Avenue
(305-672-2000)
www.delano-hotel.com

SUSHI SAMBA DROMO
600 Lincoln Road
(305-673-5337)
@SUSHISAMBA
www.sushisamba.com

WALL NO W SOUTH BEACH
2201 Collins Avenue
(305-938-3130)
@WALLMIAMI
www.wallmiami.com

QUARTA-FEIRA
Jantar na Bâoli Miami e, em seguida, aventurar-se na Liv.

BÂOLI MIAMI
1906 Collins Avenue
(305-674-8822)
@Baoli_miami
www.lebaoli.com

LIV NO FONTAINEBLEAU
4441 Collins Avenue
(305-674-4680)
@LIVmiami
www.livnightclub.com

QUINTA-FEIRA

Happy hour no Living Room (eles têm ótimos drinques de champanhe) e depois seguir para o Mynt. Caso precise descansar para aguentar a balada de sexta-feira, reserve uma mesa em um dos vários restaurantes do Fontainebleau e depois curta o movimentado lobby no Bleau Bar bebendo um Ginger Mint.

LIVING ROOM
2201 Collins Avenue
(305-938-3000)
www.wsouthbeach.com

BLEAU BAR
4441 Collins Avenue
(800-548-8886)
@Fontainebleau
www.fontainebleau.com

MYNTLOUNGE
1921 Collins Avenue
(305-532-0727)
@romain_zago
www.myntlounge.com

MIAMI BEACH
BARES E BALADAS

SEXTA-FEIRA
Depois do jantar, siga para a pre-party do Louis, depois vá direto para a Set ou Amnesia (ou para as duas).

LOUIS NO HOTEL PERRY
2325 Collins Avenue
(305-531-4600)
www.louismiami.com

SET
320 Lincoln Road
(305-531-2800)
@setmiami
www.setmiami.com

AMNESIA
136 Collins Avenue
(305-538-2424)
@amnesiamiami
www.amnesiamiami.com

SÁBADO
Curta o pôr do sol à beira da piscina do Sunset Lounge, no Mondrian. Mais tarde, vá para a Liv ou para a Wall. Só não vale repetir balada nas férias. Caso já conheça as duas, que tal se aventurar na Arkadia?

SUNSET LOUNGE NO MONDRIAN
1100 West Avenue
(305-514-1500)
www.mondrian-miami.com

ARKADIA NO FONTAINEBLEAU
4441 Collins Avenue
(305-674-4690)
@arkadiamiami
www.arkadiamiami.com

DOMINGO
Assim como na sexta-feira, a Set sempre atrai uma galera bonita para fechar a semana (ou começar, não é mesmo?).

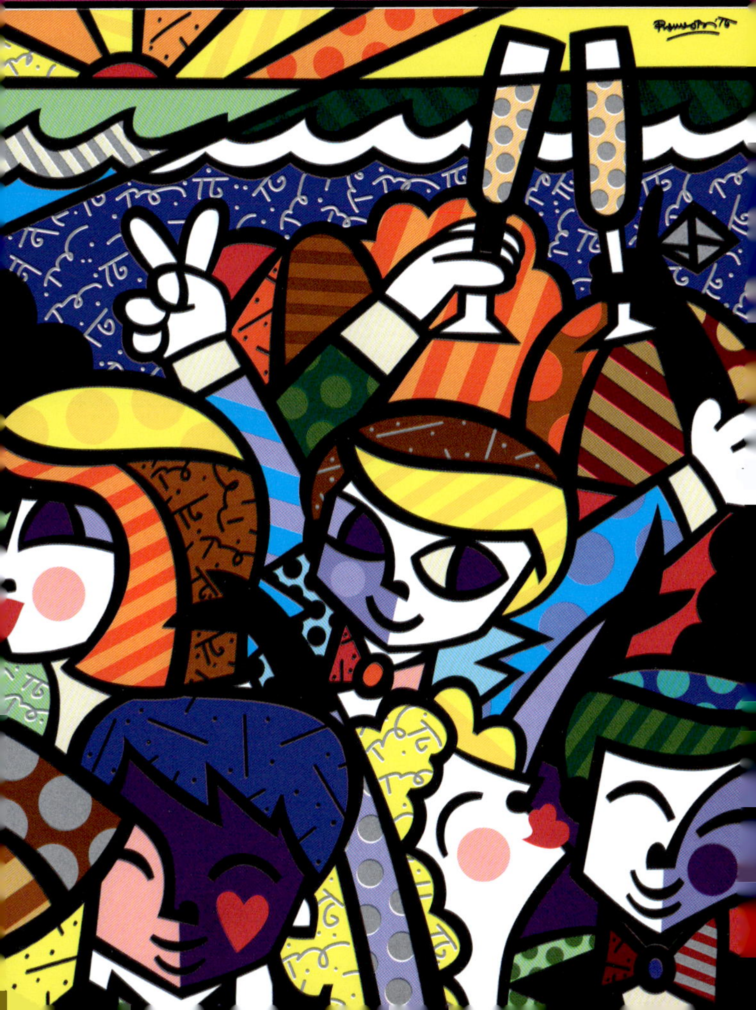

MIAMI BEACH
COMPRAS

ALL SAINTS SPITALFIELDS
910 Lincoln Road
(786-517-8180)
@AllSaints_
www.allsaints.com

Marca londrina moderninha, inspirada em rock'n'roll. Tem jeans que vestem superbem, camisas bacanas, vestidos, botas e tudo para um look bem euro-cool. Tem outra filial no Aventura Mall.

BARNEY'S CO-OP
832 Collins Avenue
(305-421-2010)
@BarneysNY
www.barneys.com/CO-OP

A Barneys é uma loja de departamentos bem conhecida em Nova York que vende marcas premium. Ficou famosa por causa do seriado Will & Grace. A Co-Op, que era um departamento da grande loja, virou loja independente, com marcas mais jovens e um pouco mais acessíveis.

BASE
939 Lincoln Road
(305-531-4982)
www.baseworld.com

Adoro esta loja, principalmente quando preciso comprar presentes diferentes. Eles fazem uma curadoria de coisas legais de várias marcas. Tem roupas, livros, discos, gadgets e perfumes. Ideal para encontrar algo inusitado e cheio de estilo.

BRITTO CENTRAL
818 Lincoln Road
(305-531-8821)
www.britto.com

Quando abri minha galeria na Lincoln Road, há muitos anos, não esperava que esse endereço se transformasse em uma grande vitrine para o meu trabalho, onde exponho algumas de minhas obras preferidas. Adoro passar por ali para ver o movimento e conversar com quem gosta de meu trabalho. Você será sempre bem-vindo.

BOOKS & BOOKS
927 Lincoln Road
(305-532-3222)
www.booksandbooks.com

Com tantos shoppings em Miami, é estranho que seja tão difícil encontrar uma boa livraria na cidade. Mas quem gosta de livros vai se deleitar na Books & Books. Quem trabalha ali adora ler e conhece a fundo o acervo. A livraria tem filiais em Coral Gables e no Bal Harbour Shops.

CB2
1661 Jefferson Avenue
Lincoln Road Mall
(305-672-5155)
@CB2sobe
www.cb2.com

Dos donos da Crate&Barrel, é o paraíso de quem gosta de decoração e interiores, mas com uma palheta de cores mais vivas. Os preços são ótimos e dá para montar vários apartamentos com o que a loja oferece. São luminárias, sofás, toalhas, jogos de louça, talheres, enfim, tudo.

DESIGN WITHIN REACH
927 Lincoln Road
(305-604-0037)
@DWR_Tweets
www.dwr.com

Outra loja para quem curte decoração, com peças moderninhas e inúmeros itens de designers bem conhecidos como Mies van der Rohe, Philippe Starck, Eero Saarinen e Isamu Noguchi. Cada vez que entro nesta loja me dá vontade de reformar minha casa.

MIAMI BEACH
COMPRAS

INTERMIX
634 Collins Avenue
(305-531-5950)
@INTERMIX
www.intermixonline.com

A Intermix é uma multimarcas de luxo e sonho de consumo de 10 em cada 10 mulheres. Com uma seleção sempre bem cuidada e totalmente em sintonia com a moda atual, é parada certa para encontrar um look sofisticado ou um jeans hipercool.

JUICY COUTURE
1103 Lincoln Road
(305-534-4516)
@Juicy_Couture
www.juicycouture.com

Sucesso entre as adolescentes e consumidoras apaixonadas pelo mundo cor-de-rosa. Conhecida pelo estilo sexy e divertido, despontou no mundo da moda quando a cantora Madonna foi fotografada com uma roupa de ginástica de plush da grife. Acessórios cheios de penduricalhos são a marca registrada da Juicy Couture, que tem também uma linha masculina, uma infantil e outra para pets.

KIDROBOT
638 Collins Avenue
(305-673-5807)
@Kidrobot
www.kidrobot.com

Templo da toy art, com brinquedos colecionáveis multicoloridos, roupas e acessórios que são sempre presentes incríveis. Pais e filhos vão se divertir com as pequenas obras de arte pop da loja.

LINCOLN ROAD MALL
Lincoln Road, entre Alton Road e Washington Avenue
www.lincolnroadmall.com

Todo o pessoal que tem lojas, bares, galerias e restaurantes em Lincoln Road se juntou para promover a área como um grande shopping a céu aberto. Várias das lojas que recomendo estão aqui, já que circulo bastante pela região. É, em minha opinião, o melhor lugar de Miami para fazer compras.

M.A.C
1107 Lincoln Road
(305-538-1088)
www.maccosmetics.com

Marca canadense que dita as tendências no universo de maquiagem. Começou conquistando os profissionais de beleza e hoje está na nécessaire das mulheres descoladas. Produtos de alta qualidade, sempre em dia com o que está na moda.

NESPRESSO BOUTIQUE & BAR
1111 Lincoln Road
(800-562-1465)
www.nespresso.com

Ponto de venda das coloridas cápsulas Nespresso e das lindas cafeteiras suíças. O café deles é realmente incrível e você pode provar todos os sabores antes de decidir quais levar para casa.

OSKLEN
1101 Lincoln Road
(305-532-8977)
www.osklen.com

Gosto de ver marcas brasileiras de sucesso se instalando mundo afora. A Osklen está de parabéns, pois a loja fica nesta quadra reformada há pouco tempo pelos arquitetos suíços Herzog & DeMeuron. Na vitrine, o melhor do estilo despojado da marca.

POTTERY BARN
1045 Lincoln Road
(786-276-8889)
www.potterybarn.com

Sabe aquelas camas de filme, com lençóis branquinhos, edredom fofinho e milhares de travesseiros? As que você vai ver nos catálogos da Pottery Barn são idênticas. A loja é parada obrigatória para quem está montando enxoval ou precisa dar um ar novo para a casa.

MIAMI BEACH
COMPRAS

SCOOP
1901 Collins Avenue
(305-532-5929)
www.scoopnyc.com

Dentro do hotel Shore Club, esta loja de roupas multimarcas femininas e masculinas é ótima para quem gosta de itens pré-selecionados. Tanto novidades recém-saídas das passarelas quanto peças em desconto são escolhidas a dedo pelo pessoal que entende muito de moda e vai dar dicas ótimas.

TASCHEN
1111 Lincoln Road
www.taschen.com

Livros, livros e mais livros. De viagem, de design, de arquitetura, de culinária, de animais, de pôsteres, de tudo. Difícil é selecionar o que deixar para trás, pois pesam muito na mala. Se não resistir, despache-os pelos Correios (ou compre-os online).

THE WEBSTER
1220 Collins Avenue
(305-673-5548)
@ShopTheWebster
www.thewebstermiami.com

As marcas de roupas mais cobiçadas do planeta são encontradas nesta loja na Collins, bem no coração de South Beach. Mas há também uma grande seleção de livros, arte, joias e acessórios para quem gosta de glamour. Se for fazer alguma extravagância durante a viagem, que seja aqui.

TUCCIA DI CAPRI
1630 Pennsylvania Avenue
Lincoln Road Mall
(305-534-5865)
@Tucciadicapri
www.tucciadicapri.com

Meninas antenadas sabem que um par de sandálias de couro da Tuccia di Capri é um must have. O bacana é que cada par é feito de acordo com o gosto da cliente, que escolhe da sola às tiras e acessórios, que são montados "on the spot".

MIAMI BEACH
ARTE

provided by Greater Miami Convention & Visitors Bureau www.gmcvb.com

BASS MUSEUM OF ART
2100 Collins Avenue
(305-673-7530)
@bassmuseum
www.bassmuseum.org

Respirar um pouco de cultura e ver obras de arte de várias épocas e regiões deveria estar na agenda de todos os viajantes. O Bass Museum fica no epicentro de Miami Beach e tem desde tapeçarias flamengas até fotografias conceituais. O objetivo é fazer com que as pessoas se inspirem e aprendam através de conexões entre as diferentes vertentes da arte. Quem acha que Miami é só compras e balada vai ficar impressionado com a extensa coleção do Bass e mesmo uma visita rápida poderá abrir os olhos para um universo novo. Recomendo.

MIAMI BEACH
ARTE

NEW WORLD CENTER
500 17th Street
(305-673-3330)
@nwsymphony
www.newworldcenter.com

Inaugurado no começo de 2011, o New World Center é uma das obras arquitetônicas mais modernas de Miami Beach, assinada pelo renomado Frank Ghery. Sede da New World Symphony, o edifício de linhas retas e muito vidro serve de escola para jovens músicos que querem se dedicar aos instrumentos clássicos. Espero que você tenha a sorte de poder ir a algum evento durante a sua estadia na cidade, já que dentro ele é tão impressionante quanto fora.

THE WOLFSONIAN
1001 Washington Avenue
(305-531-1001)
@wolfsonian
www.wolfsonian.org

Se o Wolfsonian estivesse em uma grande cidade europeia, seria um museu muito visitado. Aqui em Miami ele acaba ficando esquecido, mesmo tendo um acervo magnífico de artes gráficas e design da Europa. Experimente visitar uma das ótimas e muito bem curadas exposições temporárias em um dia de calor insuportável. O clima ameno e a iluminação especial vão conquistá-lo e você vai pensar duas vezes antes de voltar para a sauna das ruas da cidade.

Image provided by Greater Miami Convention & Visitors Bureau www.gmcvb.com

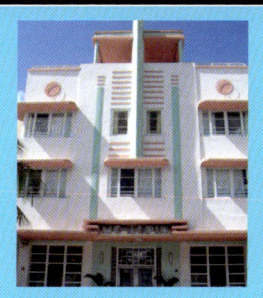

ART DECO E MIMO, PATRIMÔNIOS ARQUITETÔNICOS DE MIAMI

Os prédios Art Deco que caracterizam a paisagem de South Beach estão concentrados em uma região muito pequena, o chamado Art Deco District, entre a 5th Avenue e o Dade Boulevard. São mais de 800 construções das décadas de 1930 e 1940, a maioria com menos de três andares. Revitalizados na década de 1990, ganharam o título de patrimônio histórico. Ao andar pela Ocean Drive, preste atenção no Park Central Hotel, obra de Henry Hohauser, que, ao lado de L. Murray Dixon, é uma das estrelas do estilo. Há também o Imperial, o Colony Hotel e o Waldorf Towers, entre outros. Há também outro estilo arquitetônico que chama atenção em Miami. Batizado de MiMo (abreviatura de Miami Modern), foi usado e abusado pelo arquiteto Morris Lapidus e chegou ao seu auge nas décadas de 1950 e 1960. Sua máxima "menos é nada" pode ser observada em construções de excessos e curvas mirabolantes, como os hotéis Eden Roc e Fontainebleau.

Uma maneira de conhecer melhor os edifícios e aprender mais sobre os detalhes do Art Deco: faça o Art Deco Walk.
www.artdecowalks.com

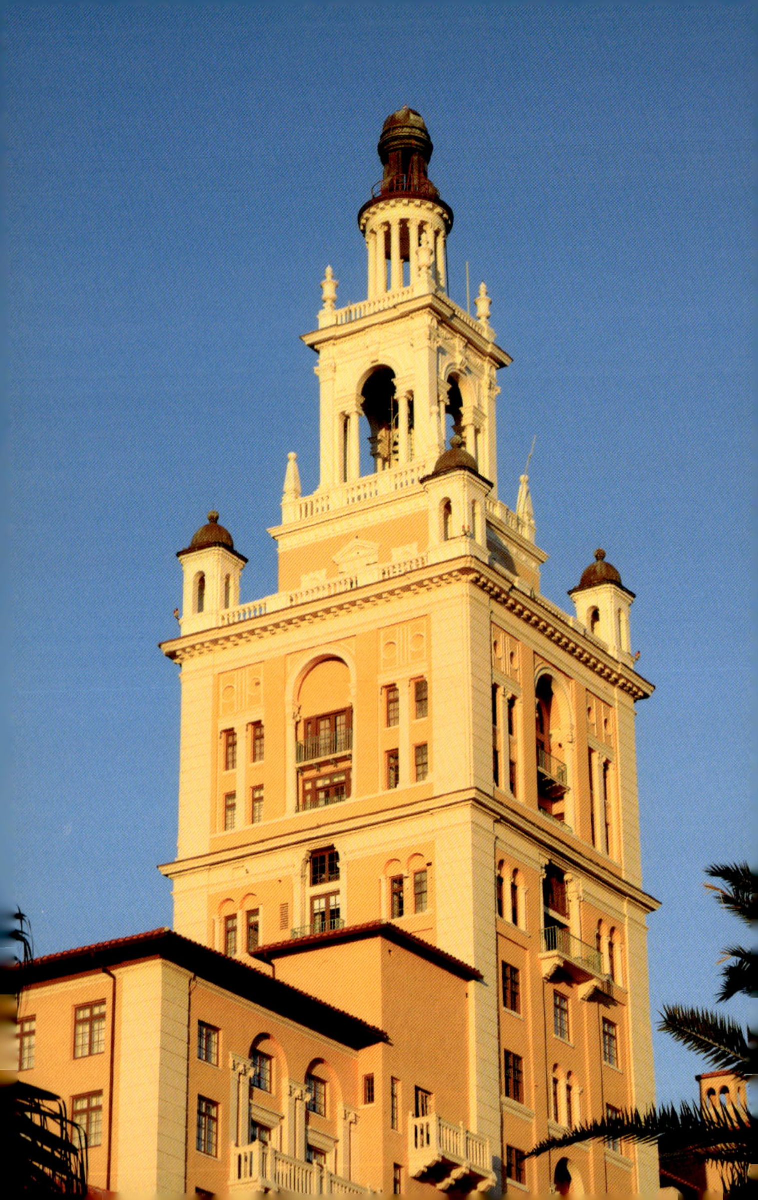

SOUTH MIAMI

Ao sul de Miami ficam Coconut Grove, Coral Gables e Key Biscayne. Com uma atmosfera calma e aconchegante, são ótimas alternativas para fugir da confusão e do agito.

Casas com telhados terracota, arquitetura mediterrânea, ruas tranquilas com fontes e bulevares, vegetação exuberante e ótimos restaurantes caracterizam Coral Gables, bairro que teve seu auge nas décadas de 1920 e 1930. Planejada para ser uma comunidade-modelo, onde os ricos poderiam fugir do agito e da badalação, a região ainda guarda atrativos como a Venetian Pool, piscina esculpida em pedra coral, e os jardins europeus do Vizcaya.

Já a vizinha Coconut Grove é a região habitada mais antiga de Miami, onde até hoje fica a prefeitura da cidade. O gostoso de lá é estacionar o carro e andar pelas ruas com pouco trânsito, tomar um sorvete, entrar nas galerias de arte e apreciar a vista dos arranha-céus da cidade.

Key Biscayne é perfeita para férias em família. Com ciclovias, parques e uma praia de águas calmas e transparentes, tem várias opções de esportes e lazer, além de uma bela vista do skyline de Downtown.

SOUTH MIAMI
HOTÉIS

RITZ-CARLTON KEY BISCAYNE
455 Grand Bay Drive
Key Biscayne
(305-365-4500)
@RitzCarlton
www.ritzcarlton.com

Muito próxima ao centro de Miami, a ilha de Key Biscayne é um oásis de calma e tranquilidade, especialmente para quem vem para cá com a família e busca férias de verdade, longe do fuzuê de shoppings, freeways e badalação. O maravilhoso Ritz-Carlton é um dos mais luxuosos hotéis da ilha e tem de tudo para todos os gostos. A piscina, cheia de coqueiros, quase se funde com a praia de areia branca. Ficar horas debaixo de um guarda-sol com um bom livro recarrega as baterias. Só não escolha este hotel durante a temporada dos furacões, já que fica bem onde chegam esses ilustres visitantes.

SONESTA BAYFRONT HOTEL
2889 McFarlane Road
Coconut Grove
(305-529-2828)
www.sonesta.com/coconutgrove/

Para quem quer se hospedar em Coconut Grove, o Sonesta é a pedida certa. De um lado está o agito do centrinho do bairro; do outro, toda a baía de Biscayne e a calma de suas águas para o descanso dos hóspedes. A piscina fica no oitavo andar e tem uma vista panorâmica incrível. Os quartos são modernos e funcionais e o serviço, nota 10.

THE BILTMORE
1200 Anastasia Avenue
Coral Gables
(305-445-1926)
@BiltmoreHotel
www.biltmorehotel.com

Uma das construções mais impressionantes da Flórida, o Biltmore é um marco histórico dos Estados Unidos. Quem gosta de decoração clássica e requinte europeu vai se sentir em casa. Com a maior piscina dos Estados Unidos e um campo de golfe impecável, dá para passar as férias ali sem precisar sair do portão para fora. Quem sempre sonhou em aprender a cozinhar pode aproveitar para fazer um curso na escola de culinária do próprio hotel. Fica um pouco distante do burburinho de South Beach, mas perto dos centros comerciais Miracle Mile e do Village of Merrick Park.

THE WESTIN COLONNADE
180 Aragon Avenue
Coral Gables
(305-441-2600)
www.starwoodhotels.com

Hotel elegante com apartamentos bem espaçosos e cheio de mimos deliciosos como a famosa cama Heavenly Bed, que promete ser uma das mais confortáveis do universo. Fica a uma quadra das lojas da Miracle Mile, em Coral Gables, e dá para andar a pé por toda a região, que oferece uma enorme opção de restaurantes e outras atividades. É relativamente pequeno, o que permite um tratamento intimista e personalizado.

SOUTH MIAMI
RESTAURANTES

CAFFE ABBRACCI $$$
318 Aragon Avenue
Coral Gables
(305-441-0700)
www.caffeabbracci.com

Coral Gables não é tão trendy ou hip quanto SoBe, Wynwood ou Brickell. Neste bairro, muitos dos restaurantes são tradicionais e estão abertos há anos. O Caffe Abbracci é uma instituição local e há 20 anos serve pratos inspirados na culinária da Lombardia e do Vêneto italianos. Quem aprecia qualidade e tradição muito mais do que modinhas passageiras vai gostar daqui.

CHEESECAKE FACTORY $$
3015 Grand Avenue
Coconut Grove
(305-447-9898)
@Cheesecake
www.thecheesecakefactory.com

Com uma variedade imensa de pratos que agradam a todos os gostos, a Cheesecake Factory é perfeita para grupos grandes. Ou para os apaixonados pela receita ultrassecreta de Cheesecake que faz dela um sucesso sem igual. Não deixe de experimentar os "Stuffed Mushrooms", prato com deliciosos cogumelos Portobello recheados com queijo parmesão, alho e ervas ao molho de vinho. E, para a sobremesa, claro, escolha um cheesecake do seu sabor favorito.

FONTANA $$$
1200 Anastasia Avenue
Coral Gables
(305-913-3200)
www.biltmorehotel.com

Localizado no Biltmore Hotel, um ícone de Miami, o Fontana fica no jardim e é uma verdadeira experiência gastronômica. Com mesas ao redor de uma fonte e muita vegetação, de lá é possível observar a torre principal do hotel e sua bela arquitetura mediterrânea. Além do clima romântico, o serviço é de primeira e a comida, excepcional. Uma boa pedida é ir até lá aos domingos e aproveitar sem pressa o Sunday Champagne Brunch. Quando for fazer a reserva, lembre-se de pedir uma mesa perto da fonte. É um dos lugares mais privilegiados do restaurante. Perfeito para comemorações, o restaurante envia mimos para a mesa de aniversariantes e casais apaixonados em datas especiais.

HILLSTONE $$
201 Miracle Mile
Coral Gables
(305-529-0141)
www.hillstone.com

Famoso pelo spinach dip (entrada tradicional americana, que é um patê de espinafre com alcachofra), o Hillstone faz parte de uma cadeia americana que começou no Texas e hoje está presente em 11 localidades nos Estados Unidos. O restaurante tem um sushi bar e um cardápio variado de pratos com carne, peixe e frango. Mas o que eu recomendo é o Hickory Burger, com bacon canadense, queijo cheddar, jalapeño e cebolas.

SOUTH MIAMI
RESTAURANTES

MATSURI $$$
5759 Bird Road
Coral Gables
(305-663-1615)

Localizado em um pequeno shopping, este tesouro da culinária japonesa pode passar despercebido se você não souber exatamente onde fica. Considerado um dos melhores restaurantes asiáticos da Flórida, seu segredo está no peixe sempre fresco. A clientela é fiel – quem vai uma vez quer voltar sempre e a boa fama do lugar continua atraindo novos clientes.

ORTANIQUE $$$
278 Miracle Mile
Coral Gables
(305-446-5695)
@OrtaniqueMiami
www.cindyhutsoncuisine.com

Criado pela Chef Cindy Hutson, o restaurante é uma verdadeira experiência caribenha. Supercolorido, faz com que os clientes entrem no clima assim que passam pela porta. A música é perfeita e o cheiro dos temperos nos deixa com água na boca antes mesmo de ver o cardápio. Os pratos misturam frutas com pimentas, vegetais e combinações inimagináveis que colocam o restaurante na lista dos dez melhores de Miami. Experimente o bisque de abóbora com pimenta de xerez e não deixe de pedir um Mojito para acompanhar.

PALME D'OR $$$$
1200 Anastasia Avenue
Coral Gables
(305-913-3201)
www.biltmorehotel.com

Também no Biltmore Hotel, o Palme D'Or traz um pouco da França para Coral Gables. Os pratos vão desde os mais triviais da culinária francesa até os mais exóticos. A grande maioria é feita com frutos do mar, mas existem as opções vegetarianas, carnes selecionadas, foie gras feito em casa e o menu degustação, em que os clientes podem provar até 20 porções. Desde que assumiu o restaurante, o chef Philippe Ruiz ganhou diversos prêmios com suas interpretações da Nova Culinária Francesa. Segundo o Miami Herald, o restaurante é excepcional e Ruiz elevou a culinária do sul da Flórida para outro patamar.

PASHA'S $$
130 Miracle Mile
Coral Gables
(305-764-3040)
www.pashas.com

Meca da geração saúde, o Pasha serve comida mediterrânea saudável, 100% natural, sem conservantes nem gordura trans, desenvolvida em parceria com nutricionistas, personal trainers e centros de saúde. O cardápio foi montado analisando cada ingrediente e as informações nutricionais estão disponíveis para os clientes. Funciona em sete locais diferentes de Miami, e todos vivem cheios. O ambiente é bacana, com um jeitão clean, bem de acordo com a comida que serve. E o melhor: a comida é deliciosa.

SOUTH MIAMI
RESTAURANTES

PEACOCK GARDEN CAFÉ $$$
2889 McFarlane Road
Coconut Grove
(305-774-3332)
@PeacockGardenCG
www.peacockspot.com

Perfeito para um brunch, um aperitivo, ou apenas uma taça de champanhe, o Peacock Garden tem um lindo jardim e mesas ao ar livre. É um dos restaurantes mais pitorescos de Coconut Grove. Seu nome é uma homenagem à família Peacock, primeiros habitantes da região. Já recebeu uma menção honrosa da Prefeitura de Miami por sua contribuição à preservação da história da cidade.

RED FISH $$$
9610 Old Cutler Road
South Coral Gables
(305-668-8788)
www.redfishgrill.net

Para mim, é o restaurante mais romântico de toda a Miami. Escondido no fundo do Matheson Hammock Park, a antiga construção de pedra onde funciona o restaurante fica na beira de uma lagoa cercada de palmeiras, na frente da baía de Biscayne. À noite, o parque é fechado para a visitação e só é permitido o acesso aos clientes do restaurante. As melhores mesas são as da varanda, que é iluminada por velas e cheia de buganvílias.

SOUTH MIAMI
COMPRAS

ANTHROPOLOGIE
330 San Lorenzo Avenue
Village of Merrick Park
(305-443-0021)
www.anthropologie.com

Loja de roupas femininas, acessórios e coisas para a casa, tudo muito charmoso e com toques de romantismo. Existe em várias cidades dos Estados Unidos, Canadá e em Londres. As roupas são assinadas por estilistas bacanas e a decoração da loja é bastante original. Adorada por fashionistas, recebe gente do mundo inteiro em busca de novidades. Tem esta no Village of Merrick Park, na Lincoln Road e no Aventura.

BARNES & NOBLE
152 Miracle Mile
Coral Gables
(305-446-4152)
@BNBuzz
www.barnesandnoble.com

É a maior livraria varejista dos Estados Unidos e trabalha com uma variedade imensa de títulos. A loja de Coral Gables tem também uma sessão de games, brinquedos infantis e um café. É uma delícia passear entre as prateleiras, lembrando que os preços de livros nos Estados Unidos são infinitamente mais baratos que no Brasil. Também oferece internet grátis.

CHIC PARISIEN BRIDE
3308 Ponce de Leon
Boulevard
Coral Gables
(305-448-5756)
@chicparisien
www.chicparisienbridal.com

Fundada em Coral Gables, a Chic Parisien Bride é uma das lojas de vestidos de noivas mais bem conceituadas do mundo. Fundada em 1969 e estabelecida no distrito comercial da cidade, há pouco tempo mudou de endereço. Mas continua na vizinhança, agora sozinha em uma rua tranquila. A loja recebe noivas do mundo inteiro e é referência de moda e estilo para casamentos.

SOUTH MIAMI
COMPRAS

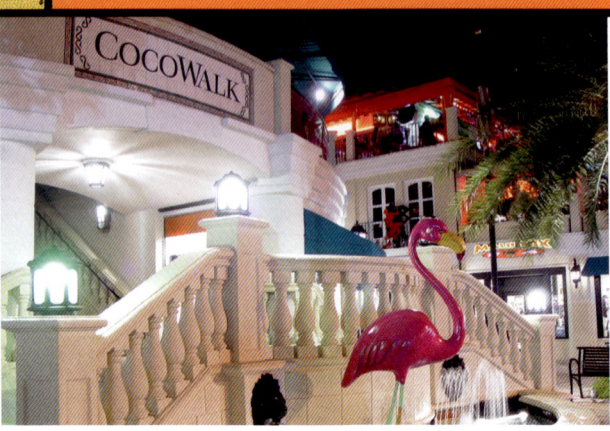

Image provided by Greater Miami Convention & Visitors Bureau www.gmcvb.com

COCOWALK
3015 Grand Avenue
Coconut Grove
(305-444-0777)
www.cocowalk.net

Um pequeno shopping ao ar livre que fica no centro de Coconut Grove onde acontece todo o agito da região. Lojas como a Gap e a Victoria's Secret atraem os turistas. O restaurante italiano Bice, no pátio interno, é uma boa pedida para quem quer almoçar.

DADELAND MALL
7535 Dadeland Mall
South Miami
(305-665-6226)
@shopdadeland
www.shopdadelandmall.com

Da mesma rede do Sawgrass, o Dadeland é o Aventura do sul de Miami, só que não tão cheio. A loja-âncora é nada mais do que a maior Macy's da Flórida e o shopping ainda tem Saks Fifth Avenue, JCPenny, Macy's Home, Gallery & Kids e a maior The Limited/Express do país, além das lojas básicas, como Zara, Victoria's Secret, Sephora etc. Perfeito para fugir do tumulto dos outros shoppings.

MICHAELS
8354 South Dixie Highway
South Miami
(305-665-6793)
@MichaelsStores
www.michaels.com

Imensa loja de Arts & Crafts, ou seja, tudo para fazer álbuns, enfeites, presentes, artesanato, scrapbook e afins. Sua mala vai voltar cheia de colas especiais, tintas coloridas, papéis cheios de texturas e pincéis.

MIRACLE MILE
Coral Way, entre Le Jeune e Douglas Road
Coral Gables
@ShopCoralGables
www.shopcoralgables.com

É o centro comercial de Coral Gables, com ruas em estilo europeu cheias de cafés, livrarias, teatros, lojas e restaurantes. A região tem várias lojas de grife, mas hoje em dia é conhecida como o paraíso das noivas e debutantes, já que a grande maioria das lojas vende vestidos e artigos para festas de casamento, como a Daisy Tarci e a J. Del Olmo. Se tiver tempo e disposição, assista a uma peça no Actor Playhouse, um charmoso auditório dentro do Miracle Theatre.

Image provided by Greater Miami Convention & Visitors Bureau www.gmcvb.com

SOUTH MIAMI
COMPRAS

PARTY CITY
8651 SW 24th Street
Coral Gables
(305-264-0300)
@PartyCity
www.partycity.com

Para quem gosta de organizar festas, esta loja é uma perdição. Artigos de festa de cima a baixo, com todos os personagens possíveis e imaginários. É só decidir o tema para você encontrar pratos, copos, velas, enfeites, fantasias, balões, canudos, guardanapos e tudo o que quiser. Na época do Halloween, vendem também fantasias e a variedade é inacreditável. Quem tem filhos pequenos pode comprar a festa toda para só montar quando chegar em casa. Tem várias filiais por toda a Miami.

THE FALLS
8888 SW 136th Street
South Miami
(305-255-4570)
@TheFallsMiami
www.shopthefalls.com

O The Falls é um dos maiores shoppings a céu aberto dos Estados Unidos e certamente um dos mais agradáveis. Com farta vegetação, é cercado por uma queda d'água que cria uma atmosfera deliciosa e faz do dia das compras um verdadeiro passeio. O mix de lojas é excelente, com Bloomingdale's, Macy's e outras marcas famosas.

THE VILLAGE OF MERRICK PARK
358 San Lorenzo Avenue
Coral Gables
(305-529-0200)
@ShopMerrickPark
www.villageofmerrickpark.com

Shopping ao ar livre com um mix de lojas de alto padrão, como Artefacto, Carolina Herrera, Juicy Couture, Gucci, Pottery Barn Kids, Hugo Boss, La Perla, entre outras. Em minha opinião, o shopping mais bonito de Miami. Imponente, tem fontes, folhagens e um lindo jardim central para relaxar e curtir o sol. Perfeito para os maridos e namorados que morrem de preguiça de fazer compras. E tem ótimos restaurantes também.

TOM FORD
Neiman Marcus
390 San Lorenzo Avenue
Village of Merrick Park
(786-999-1000)
www.tomford.com

Um dos homens mais elegantes do mundo, Tom Ford tem um corner com sua linha de roupas masculinas na Neiman Marcus de Coral Gables (que é maior que o da The Webster, em SoBe). Uma passadinha por ali pode transformar um sapo em príncipe.

WILLIAMS SONOMA
350 San Lorenzo Avenue
Village of Merrick Park
(305-446-9421)
@WilliamsSonoma
www.williams-sonoma.com

Paraíso para quem gosta de cozinhar com estilo, a Williams Sonoma é uma loja completíssima, que oferece tudo do bom e do melhor para a cozinha. Panelas, acessórios, eletrodomésticos, pratos, talheres, toalhas e tudo relacionado à cozinha, das melhores marcas do mundo. Trabalha também com móveis e artigos para a casa, mas seu forte é a cozinha. Além desta loja no Merrick Park, tem outras no The Falls e na Lincoln Road.

SOUTH MIAMI
ARTE

LOWE ART MUSEUM
1301 Stanford Drive
Coral Gables
(305-284-3535)
www.lowemuseum.org

Fundado em 1950, o Lowe Museum foi o primeiro museu de Miami, uma doação do casal Joe e Emily Lowe à cidade. Seu acervo conta com mais de 13 mil peças que mostram as tradições artísticas mais importantes do mundo. Colecionadores continuam fazendo doações e, mesmo com todas as obras de expansão pelas quais o museu já passou, ainda falta espaço. De qualquer maneira, a boa administração faz com que as peças mais importantes sempre estejam expostas. Fica no campus da Universidade de Miami, que também é uma visita legal.

VIZCAYA MUSEUM & GARDENS
3251 South Miami Avenue
Coconut Grove
(305-250-9133)
www.vizcayamuseum.org

Construída no início do século 19 pelo milionário James Deering, o casarão, que se tornou um museu, é um programa inusitado. O espaço servia como casa de festas para receber amigos do mundo todo. Conta com dezenas de quartos de hóspedes. Muitas obras de arte, papéis de parede e tetos trabalhados mostram a intenção de trazer para a Flórida um pouco da beleza e ostentação dos castelos europeus, mantendo alguns ícones locais como flamingos e cavalos-marinhos. Na cozinha, é impressionante ver a tecnologia usada antigamente: campainhas interligadas a todos os cômodos, elevadores para entregar a comida na sala de jantar, geladeiras (novidades na época) e até uma central de aspirador de pó.

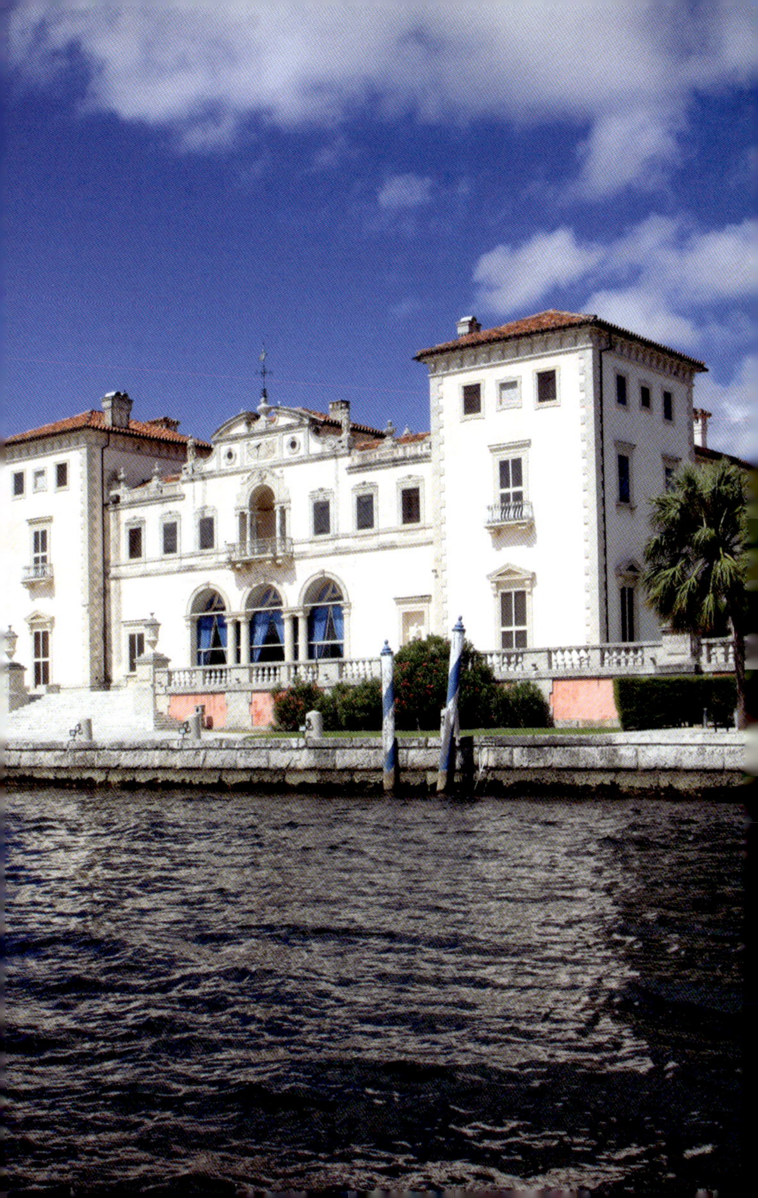

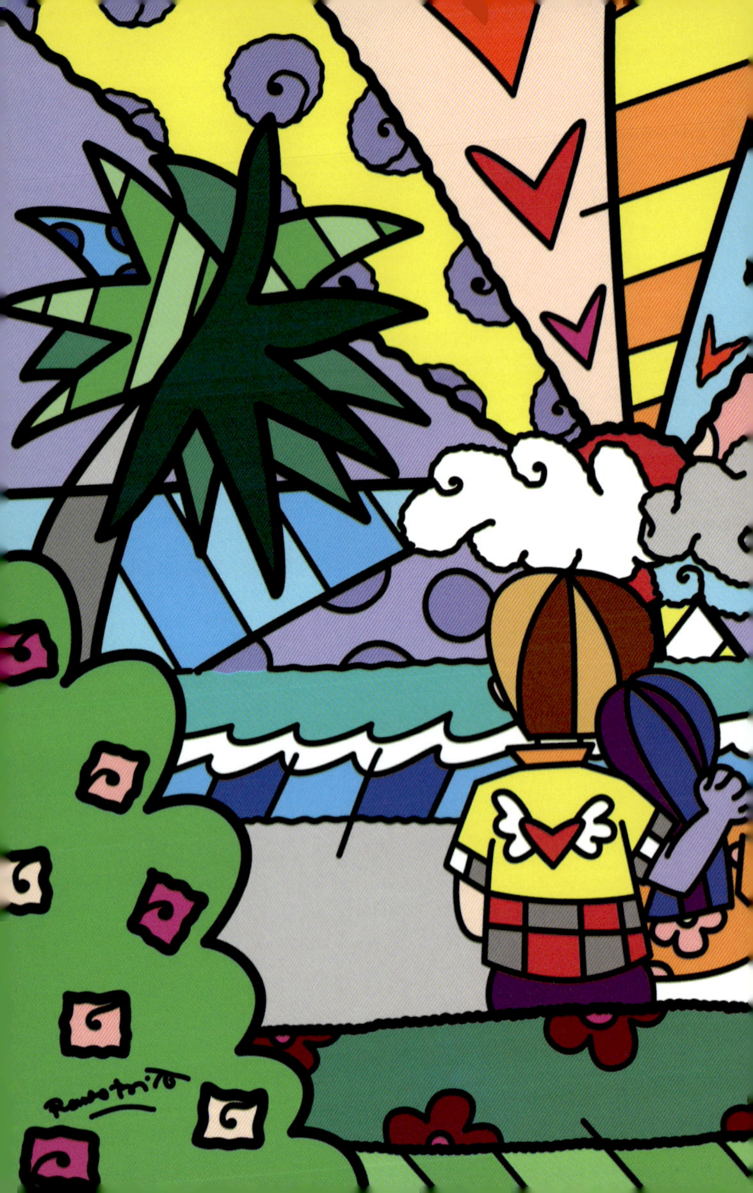

ARREDORES

ARREDORES

EVERGLADES

O enorme Parque Nacional dos Everglades fica na porta dos fundos de Miami e pode ser um programa divertidíssimo para quem gosta de aventura junto à natureza. Passar um dia inteiro longe dos shoppings, além de dar um fôlego para as pernas, vai fazer com que você conheça um lado totalmente diferente da Flórida. Se estiver em família, o passeio geralmente agrada do avô ao filho mais novo.

Images provided by Greater Miami Convention & Visitors Bureau www.gmcvb.com

O ideal é seguir de carro pela SW 8th Street, que começa em Downtown e é uma linha reta até o meio do parque. Antes de sair da zona urbana, você vai passar pelo resort dos índios Miccosukee, mas deixe para parar ali na volta, já que há restaurantes interessantes e um cassino aberto 24 horas por dia.

Aventureiros não podem deixar de fazer o tradicional passeio de airboat em Coopertown antes de chegar ao Shark Valley, de onde sai um tour de duas horas. Jacarés, tartarugas e cobras dividem o espaço com inúmeras espécies de aves. Só não queira bancar o Crocodilo Dundee e chegar perto de um dos animais.

Evite visitar a região nos meses quentes, já que os mosquitos e pernilongos enlouquecem qualquer um. Leve um chapéu ou boné e bastante filtro solar, mesmo em janeiro.

www.miccosukeeresort.com
www.coopertownairboats.com
www.sharkvalleytramtours.com

ARREDORES

FLORIDA KEYS

Para fazer uma viagem no tempo e ver paisagens maravilhosas, não deixe de colocar as ilhas de Florida Keys em seu roteiro. A viagem do Aeroporto Internacional de Miami até Key West, a ilha mais distante, é de 260 quilômetros. Entre Key Largo e Key West a estrada transforma-se em um conjunto de pontes que unem as diversas ilhas.

Durante os fins de semana, o trânsito na estrada é intenso, por isso prefira os dias de semana. Reserve um hotel com antecedência para garantir que, após dirigir durante horas e fazer várias paradas, haverá uma cama gostosa à sua espera.

Key West é o grande centro turístico da região, por isso sempre haverá movimento em suas ruas, bares e restaurantes. Fãs de Ernest Hemingway não podem deixar de visitar a casa onde viveu o famoso escritor. Para quem quer explorar o fundo do mar, há várias escolas de mergulho ao longo do trajeto.

www.keysshuttle.com
www.greyhound.com

> **!** TANTO A KEYS SHUTTLE QUANTO A GREYHOUND OPERAM LINHAS DE ÔNIBUS FREQUENTES ENTRE MIAMI E AS VÁRIAS ILHAS, O QUE FACILITA A VIDA DE QUEM NÃO QUER ALUGAR UM CARRO.

ARREDORES

SEMINOLE HARD ROCK HOTEL AND CASINO

O enorme centro de entretenimento, que mistura cassino, restaurantes, bares, spas, hotel, compras e casa de espetáculos, fica entre North Miami e Fort Lauderdale. O calendário de shows ao vivo é intenso e dá para passar dias sem sair do resort. Famílias numerosas gostam de se hospedar ali, já que há atividades para todos os gostos e não fica tão longe de Miami Beach.

1 Seminole Way
Hollywood
(866-502-7529)
@SHRHollywood
www.seminolehardrockhollywood.com

NAVEGAR É PRECISO

Já pensou em ver Miami de ângulos e pontos de vista totalmente novos? Quem alugar um barco para passar o dia navegando pelos canais e pela Baía de Biscayne verá a cidade com outros olhos. É um programa ideal para quem viaja com amigos ou familiares e quer curtir o dia tomando sol, dançando e visitando áreas onde só um barco consegue chegar. O banco de areia na frente de Key Biscayne é um desses lugares. Há vários tamanhos e preços de embarcações que, quando divididos por todos os participantes, pode ficar ainda mais interessante. Confira e divirta-se.

- *Tropicalboat Charters Inc.*
  (786-218-3030)
  www.tropicalboat.com

- *Yacht Charters in Miami*
  (305-490-0049)
  www.yachtchartersinmiami.com

ARREDORES

OUTLET CENTER DA PREMIUM OUTLETS

Para quem busca variedade de compras a preços hipercompetitivos e não se satisfaz apenas com grandes shoppings de Miami, a dica é passar o dia no Outlet Center, em Florida City. A cerca de 50 quilômetros do Aeroporto Internacional de Miami, em direção sul, a meio caminho de Florida Keys, este lugar pode ser o paraíso para shopaholics de plantão. Entre as 55 lojas ali presentes, você vai encontrar Tommy Hilfiger, Nike, Guess, Carter's, Coach, Skechers, Nine West etc. Não é tão variado quanto o famoso Sawgrass Mills, mas é mais agradável e menos concorrido. Boa diversão.

◉ 250 East Palm Drive
Florida City
(305-248-4727)
@PremiumOutlets
www.premiumoutlets.com

SAWGRASS MILLS MALL

O maior outlet dos Estados Unidos é destino número 1 de quem não pode perder grandes ofertas. Compete com a Disney em número de visitantes ao ano e exige preparo físico e psicológico. São mais de 350 lojas das marcas mais variadas, sendo que as mais top (Burberry, Coach, Ferragamo, Zegna etc.) ficam na área da Colonnade Outlet. Mesmo quem prefere a calma e o estilo do Bal Harbour não fica indiferente com ofertas de bolsas da Prada ou vestidos Valentino.

Por causa do tamanho e da quantidade de gente, é preciso preparar-se com antecedência. Saiba quais lojas quer visitar e tenha o itinerário traçado no mapa. Se for fazer as compras de Natal ou enxoval de noiva/bebê/etc. chegue cedo, quando o movimento é menor. E não se impressione com a quantidade de gente que carrega as compras em malas.

Há boas opções de restaurantes, como a Cheesecake Factory, o Rainforest Café (as crianças adoram) e o Johnny Rockets, com seus milk-shakes inesquecíveis, e o Villagio, o mais gourmet deles, na área da Colonnade. Faça um pit-stop em um deles para não desmaiar de fome dentro de um provador ou ter uma crise de mau humor. Para fazer boas compras é preciso estar feliz e disposto!

12801 West Sunrise Boulevard
Sunrise
(954-846-2350)
@ShopSawgrass
www.sawgrassmills.com

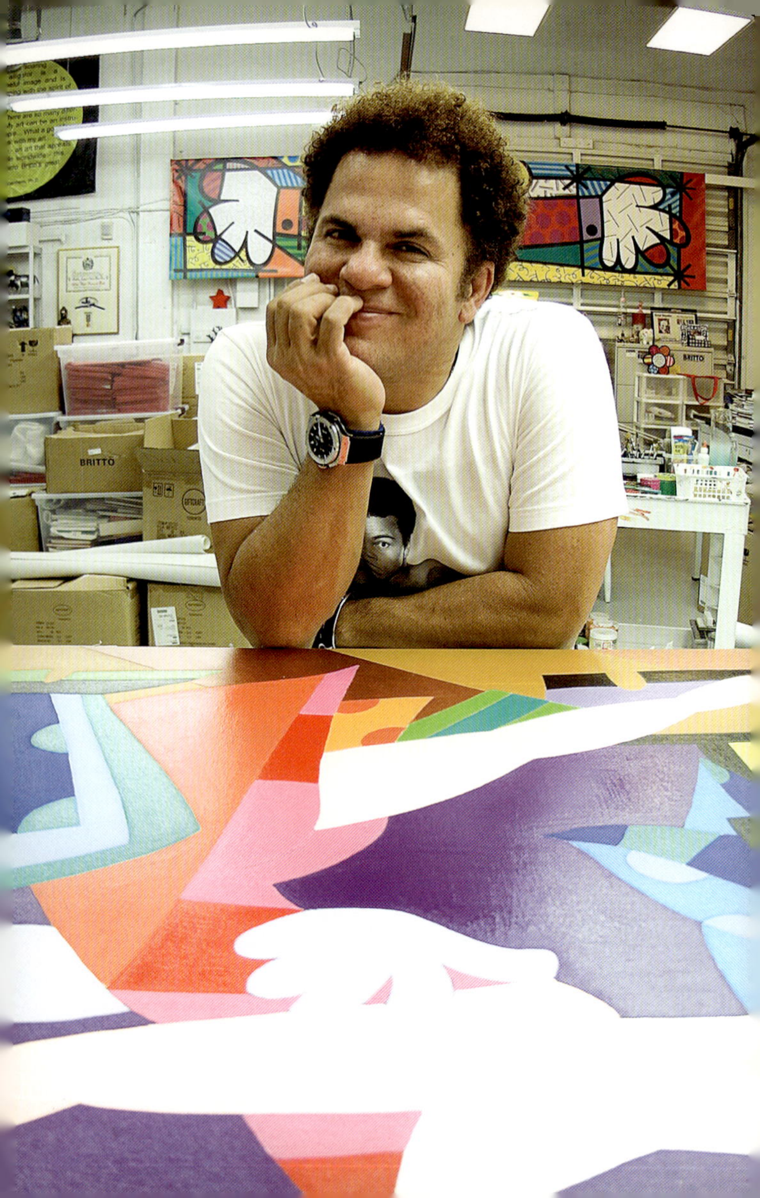
BRITTO
BRITTO

SOBRE ROMERO

Nascido no Recife (PE), em 1963, Romero Britto ainda na infância começou a se interessar pelas artes. Sucatas, papelões, jornais, qualquer material servia para que ele exercitasse a sua criatividade. As cores e a vibração de suas obras também apareceram cedo, reflexos da maneira como enxerga a vida, sempre com leveza e bom humor. Chegou a iniciar o curso de Direito na Universidade Católica de Pernambuco, pensou em ser diplomata e resolveu conhecer o mundo. Rumo a Nova York, em 1990, fez uma parada em Miami para encontrar um amigo e logo se apaixonou pela cidade.

Foi lá que consolidou sua carreira, teve o reconhecimento do público e conquistou seu lugar como um dos mais importantes artistas brasileiros da história. Suas obras estão espalhadas pelos quatro cantos do planeta, não só nas coleções de celebridades como Madonna, Arnold Schwarzenegger, Príncipe William, Andre Agassi, Pelé e Michael Jordan, como também em grandes museus e galerias. Ele já participou duas vezes da Bienal de Florença, expôs no Museu do Louvre, em Paris, foi o criador da maior instalação de arte já exposta no Hyde Park, em Londres, criou selos para a ONU e para os Jogos Olímpicos de Pequim, foi várias vezes palestrante do Fórum Econômico Mundial, fez abertura do Super Bowl XLI com o Cirque du Soleil, além de ter feito parceria com grandes marcas como Absolut Vodka, Walt Disney, Pepsi, Evian e Audi. Sua pop arte é admirada e respeitada mundo afora e seu estilo é sinônimo de alegria.

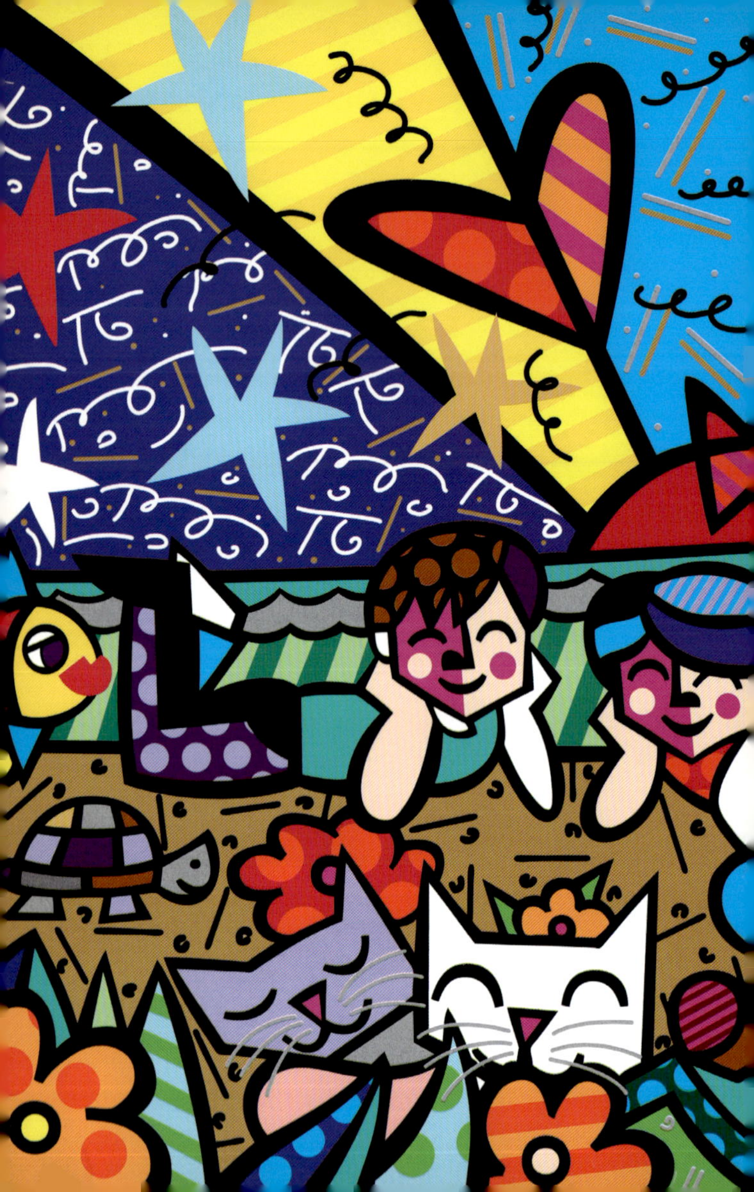

ONDE VER ROMERO BRITTO

MIAMI CHILDREN'S MUSEUM

NORTH BAY VILLAGE

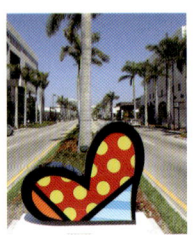

KENDALL KIDS

GRAPELAND WATER PARK

DADELAND NORTH METRO

LOS SUEÑOS

5TH AND ALTON RD

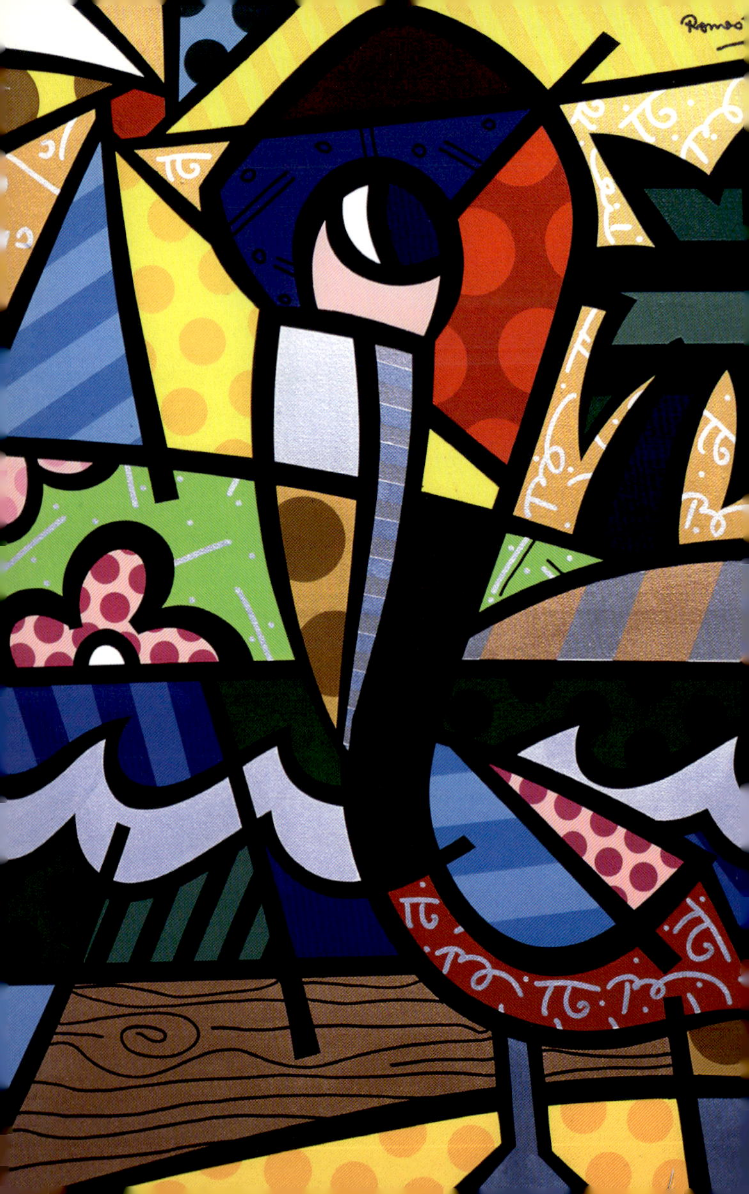

A realização deste guia contou com a colaboração de muitas pessoas:

Gil Miranda, da **Magic Way**
Marina Barros, Charlie Haz e Márcia Akiki, do **Greater Miami Convention & Visitors Bureau**
Hamid Abdulhafid e Vanessa Lopez, do **The Palms Hotel & Spa**
Katherine Davis, da **Britto Central Inc.**
Jenna Citron, da **Carma PR**
Pietra Bijos, do **Mondrian South Beach**
Fernanda Coutinho, Margarete Yamane, Julia Medeiros, Camila Bravo, Ângela Rodrigues e Luis Silva, da **Exim Licensing**
Paula Gomez e Vanessa Segovia, do **Hotel Fontainebleau**
Nuno Papp, **fotógrafo**
Cris França, da **Araçá Eventos**
Ricardo, da **Kadopress**
Renata Fantim, Marcelle Ribeiro, Cíntia Simonetti, Lígia Slaviero e Cristina Stempliuk

AGRADECIMENTOS

ÍNDICE GERAL

Aluguel de barcos **161**
Aluguel de carros **48**
Art Basel Miami Beach **43**
Art Deco District **23**
Aventura **24**
Bal Harbour **25**
Bicicleta **49**
Biscayne Boulevard **26**
Brickell **27**
Calendário **44**
Coconut Grove **27**
Collins Avenue **28**
Como chegar **40**
Como se locomover **48**
Coopertown **157**
Coral Gables **29**
Cruzeiros **56**
Design District **30**
Downtown **31**
Duck Tours South Beach **60**
Estacionamento **49**
Everglades **156**
Florida Keys **159**
Key Biscayne **32**
Lincoln Road **33**
Little Havana **34**
Miami Ativa **66**
Miami Beach **35**
Miami Children's Museum **61**
Miami com crianças **60**
Miami no cinema **54**
Miami Science Museum & Planetarium **62**
Miccosukee **157**
MiMo **34**
Onde comer **50**
Onde comprar **52**
Onde dançar **51**
Onde ficar **41**
Ônibus **49**
Open Table **50**
Pedágios **48**
Quando ir **42**
Seaquarium **63**
Seminole Hard Rock Hotel and Casino **160**
Shark Valley **70, 157**
SoBe **36**
South Beach **36**
Táxi **49**
Urban Daddy **50**
UrbanSpoon **50**
Valet **49**
Wynwood **37**
Zagat **50**
Zoo Miami **64**

HOTÉIS

Acqualina **76**
Conrad Miami **102**
Courtyard by Marriott **76**
Daddy o Hotel **77**
Days Inn Oceanside **114**
Delano **114**
Epic **102**
Fisher Island Club & Resort **115**
Fontainebleau **115**
Holiday Inn Oceanfront **115**
Mandarin Oriental **103**
Mondrian **116**
Ritz-Carlton Key Biscayne **140**
Seminole Hard Rock Hotel and Casino **160**
Soho Beach House **116**
Sonesta Bayfront Hotel **140**
St. Regis Bal Harbour Resort **77**
The Betsy **117**
The Biltmore **141**
The Palms **118**
The Setai **118**
The Tides **119**
The Westin Colonnade **141**
Townhouse Hotel **117**
Turnberry Isle **24**
Viceroy **103**
W South Beach **119**

RESTAURANTES

8oz Burger Bar **120**
Altamare **120**
Anthony's Coal Fired Pizza **78**
Balans **104**
Bourbon Steak **78**
Burger & Beer Joint **104**
Café Ragazzi **78**
Caffe Abbracci **142**
Cardozo Bar & Grill **120**
Cecconi's **120**
Ceviche 105 **104**
Cheesecake Factory **142**
Crazy About You **104**
Crumb on Parchment **90**
Da Leo Trattoria **121**
DB Bistro Moderne **105**
Doraku **121**
Fontana **143**
Garcia's **105**
Ghirardelli **121**
Gigi **90**
Graziano's **105**
Hakkasan **121**
Hard Rock Café **109, 160**
Harry's Pizzeria **90**
Haven **122**
Hillstone **143**
J&G Grill **79**
Joe's Stone Crab **122**

ÍNDICE GERAL

Joey's **91**
Johnny Rockets **163**
La Carreta **105**
La Locanda **122**
La Marea **122**
Lester's **91**
Makoto **79**
Matsuri **144**
Meat Market **123**
Metro Organic Bistro **91**
Michael's Genuine Food and Drink **92**
Michy's **92**
Mr Chow **123**
NAOE **106**
News Café **123**
Nexxt Café **123**
Nobu **124**
Nordstrom Café Bistro **79**
Ortanique **144**
Palme d'Or **145**
Pasha's **145**
Paul **124**
Peacock Garden Café **146**
Quattro Gastronomia Italiana **124**
Rainforest Café **163**
Red Fish **146**
Rosa Mexicano **106**
Shake Shack **124**
Sra. Martinez **92**
Sugarcane Raw Bar Grill **92**
Sushi Siam **80**
The Dutch **125**
The Forge **125**
The Palm **80**
The Villa by Barton G **125**
Timó **80**
Van Dyke Café **125**
Versailles **106**
Villagio **163**
Zuma **106**

BARES E BALADAS

Aaria Bar & Lounge **81**
Amnesia **128**
Arkadia no Fontainebleau **128**
Bâoli Miami **126**
Bardot **93**
Barú Urbano **107**
Bleau Bar **127**
Cafeína Lounge **93**
Club 50 **107**
Club Space **107**
Florida Room no Delano **126**
Grand Central **107**
Hoy Como Ayer **108**
Liv no Fontainebleau **126**
Living Room **127**
Louis no Hotel Perry **128**
M-Bar **108**
Martini Bar **81**
Mokaï **126**
MyntLounge **127**
Set **128**
Spazio Nero **108**
STK **126**
Sunset Lounge **128**
Sushi Samba Dromo **126**
Wall no W South Beach **126**
Wynwood Kitchen and Bar **93**

COMPRAS

4141 Building **94**
Abercrombie & Fitch **82**
All Saints Spitalfields **130**
Anthropologie **147**
Apple Store **82**
Aventura Mall **53, 82**
Bal Harbour Shops **53, 83**
Barnes & Noble **147**
Barney's Co-op **130**
Base **130**
Bayside Marketplace **109**
Bed, Bath & Beyond **83**
Bobby Berk Home **94**
Books & Books **131**
Britto Central **130**
CB2 **131**
Chic Parisien Bride **147**
Christian Louboutin **94**
CocoWalk **148**
Container Store **84**
Dadeland Mall **53, 148**
Design Within Reach **131**
Dog Bar **95**
Dolphin Mall **53**
Duncan Quinn **95**
Electric Avenue **109**
Epicure Market **84**
Gilly Hicks **84**
History Miami Shop **109**

ÍNDICE GERAL

I on the District **95**
Intermix **132**
Juicy Couture **132**
Kartell **95**
Kidrobot **132**
Ligne Roset **96**
Lincoln Road Mall **53, 132**
Little Havana Cigar Factory **109**
Loehmann's **96**
M.A.C. **133**
Maison Martin Margiela **96**
Marshalls **110**
Michaels **149**
Miracle Mile **53, 149**
Morays Jewelers **110**
Nespresso Boutique & Bar **133**
Nini & Loli **85**
Original Penguin **85**
Osklen **133**
Outlet Center **53, 162**
Party City **150**
Pottery Barn **133**
Premium Outlets **162**
Sawgrass Mills Mall **53, 163**
Scoop **134**
Shops at Mary Brickell Village **110**
Shops at Midtown Miami **96**
Taschen **134**
The Childrens's Place **110**
The Falls **150**
The Webster **134**
Tom Ford **151**
Tomas Maier **96**
Total Wine **86**
Tuccia di Capri **134**
Urban Outfitters **86**
Vilebrequin **86**
Village at Gulfstream Park **53, 85**
Village of Merrick Park **53, 151**
West Elm **86**
Williams Sonoma **151**

PARA VER ARTE

Adrienne Arsht Center **111**
Art Basel Miami Beach **43**
Art Deco Walk **137**
Bass Museum of Art **135**
Calle Ocho **34, 111**
De La Cruz Contemporary Art Space **97**
Gary Nader Fine Art **97**
Lowe Art Museum **152**
Miami Art Museum **111**
MOCA **87**
Museum of Contemporary Art **87**
New World Center **136**
Rubbel Family Collection **97**
The Wolfsonian **136**
Viernes Culturales em Little Havana **111**
Vizcaya Museum & Gardens **152**
Wynwood Art Walk **97**
Wynwood Walls **98**

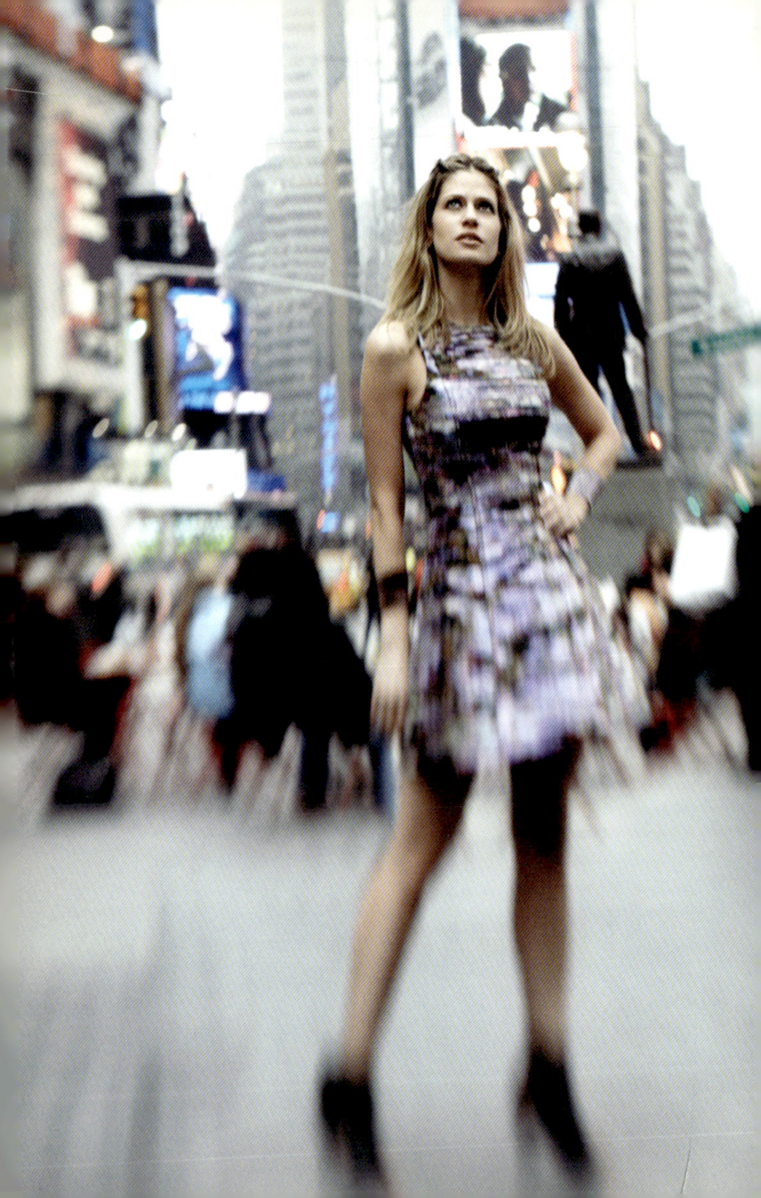

QUE TAL PASSAR POR NOVA YORK TAMBÉM?

MINHA NOVA YORK
POR DIDI WAGNER

Um guia completo de compras, passeios, bares, restaurantes, hotéis e programas infantis em Nova York.

Disponível em versão impressa ou digital.

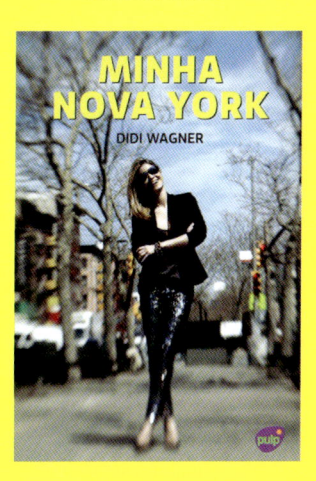

Available on the iPad
App Store

OUTROS GUIAS DA PULP

CRIANÇAS A BORDO: COMO VIAJAR COM SEUS FILHOS SEM ENLOUQUECER

Manual prático que ajuda a organizar a rotina de adultos e crianças em viagens.

BUENOS AIRES COM CRIANÇAS

Um guia para aproveitar o melhor da capital argentina com os filhos.

SÃO PAULO COM CRIANÇAS

Turismo, cultura e diversão para as crianças na maior cidade do Brasil.

GUIA ESSENCIAL DAS CATARATAS DO IGUAÇU

Prepare-se para conhecer um lugar incrível e muito bem preparado para recebê-lo.

PARA A SUA PRÓXIMA VIAGEM

Available on the iPad App Store

GUIA BRASIL / BRAZIL GUIDE

Editado em português, espanhol e inglês, este guia selecionou os melhores roteiros, hotéis e restaurantes do Brasil.

EUROPA DE CINEMA

Dicas e roteiros de viagens para Berlim, Londres, Madri, Paris e Roma inspirados em grandes filmes.

MANUAL DE VIAGEM

Um guia prático e completo para quem quer fazer viagens sem estresse.

GUIA ESSENCIAL DE CURITIBA

Uma ótima companhia para quem visita Curitiba e busca informações curiosas e interessantes.

M&GUIA SELECTED

Descubra o melhor de Londres, Paris, Milão, Miami e Buenos Aires com as dicas exclusivas de Erika dos Mares Guia.